मन के इर्द गिर्द

श्याम कुमार लाल दास

अपनी बातें

“चित्रकार तन गढकर भेजा
उसमें भरकर प्राण,
खुले गगन में ग्रह नक्षत्र हैं
रखता सब पर ध्यान,
हरी भरी वसुंधरा दिखती
करती है मानव कल्याण,
कुदरत की अदभुत कृपा से
मिलता है जग में सम्मान।”

पाठक के हाथ में जब कोई नयी पुस्तक उपलब्ध होती है तो उसके पूर्व वह रचनाकार की उक्ति एक नजर देखना चाहते हैं। इसलिए पाठक की उम्मीदों को रखने के लिए मैं अपनी बातें यहाँ रखना प्रासंगिक समझ रहा हूँ।

बात यह रही कि शिक्षण सेवा से अवकाश प्राप्ति उपरांत मैं दरभंगा शहर छोड़ गाँव में रहने लगा हूँ। शहर छोड़ना मेरी मजबूरी थी क्योंकि बाल-बच्चे सभी अपनी जगह पकड़ लिए थे और दूसरी ओर गाँव में पत्नी अकेली थी जो विद्यालय में शिक्षण सेवा में कार्यरत थी।

इस समय मैं गाँव में निःशुल्क शिक्षा दान में लगा हुआ हूँ साथ ही सामाजिक जन हित कार्यों में संलग्न हूँ। कुछ और करने की तमन्ना है जिसके लिए साहित्य सेवा की इच्छा प्रबल महसूस हो रही है।

मुझे छात्र जीवन से ही कविताएँ पढने, गुनगुनाने एवं लिखने का शौक था जो जीवन की इस लंबी अवधि में कमोबेश बनी हुई है। मैं अध्ययन हमेशा जारी रखा जो अभी भी विद्यमान है। यदा-कदा कुछ कविताएँ रचकर अपने सहकर्मियों के बीच सुनाता था जिसकी तारीफ भी होती थी। मेरे पूज्य ससुर जी भी एक लब्ध प्रतिष्ठित साहित्यकार रह चुके। इन विचारों से अभिभूत हो मेरा मन भीतर से बेचैन रहने लगा कि अब ज्यादा विलम्ब करना कदाचित श्रेयस्कर नहीं है।

फिर अचानक ऐसा हुआ कि मेरी धर्मपत्नी बहुत जोड़ देकर कही कि आप जितना पढते सुनते हैं उसे आप लिपि बद्ध प्रतिदिन कीजिये और उसने मुझे एक कॉपी और दो कलम दी;और कही कि अभी से श्रीगणेश करिए, आप हनुमान जी के सेवक हैं, दिन भी शनिवार है। अगले ही दिन मेरे सामने कविवर मैथिलीशरण गुप्त की पंक्ति---"नर हो न निराश करो मन को---"आद्योपांत गुजरी। फिर तो हमें लगा कि ईश्वर की असीम अनुकम्पा से मेरे जीवन के प्रारंभिक गुरु मान्यवर श्री टी० एन० मल्लिक एवं माँ शारदे की भी अनुमति मुझे साहित्यिक श्रृंखला में कदम रखने हेतु मिल गई है। मैं उन्हें सविनय हार्दिक नमन करता हूँ जिससे कि मेरी साहित्यिक यात्रा निर्बाध गति से जारी रह सके और मैं अपनी

सेवा आपलोगों तक उपस्थापित कर सकने में समर्थ हो सकूँ।

"मन के इर्द गिर्द" मेरी साहित्यिक यात्रा की प्रथम पुस्तक काव्य रूप में आप सभी प्रबुद्ध जनों को समर्पित करते हुए खुशी महसूस कर रहा हूँ। मैंने अपने जीवन में हुए अनुभवों को सत्य और काल्पनिक आधारों पर कविताओं में स्थान दिया है, जो पाठक को मनन करने के लिए प्रेरित करेगा, जीवन मूल्यों का दर्शन कराएगा, एवं मनोरंजन देने से भी पीछे नहीं हटेगा, ऐसा मेरा मानना है। आप पाठकों की प्रतिक्रिया ही मुझे साहित्यिक जगत में आगे बढाएगी, ऐसा मेरा विश्वास है। यह कहने में मुझे झिझक नहीं है कि काव्य विधा का ज्ञान बहुत कम है मुझे, इसलिए त्रुटियाँ भी मिलेंगी ही। मैं इसके लिए क्षमाप्रार्थी हूँ।

अन्त मेंअपनी बातें समाप्त करने के पूर्व निश्चित रूप से यह कहे बिना अधूरा लगता है कि मेरे उत्साहवर्द्धन बनाए रखने एवं पुस्तक छपवाने तक की प्रक्रिया में मेरे पुत्र, पुत्रवधू, दोनों बेटी एवं दामाद तथा भतीजा का भरपूर सहयोग मिलता रहा है। मैं उन्हें आशीष देने के साथ उनके मंगल कामना हेतु ईश्वर से प्रार्थी हूँ।

यह भी बताना मेरे लिए वांछित है कि विश्व हिन्दी श्रृजन सागर मंच के संस्थापक श्री कपूरा राम जी एवं इस मंच के अध्यक्ष श्री इन्द्रजीत सिहाग जी को धन्यवाद ज्ञापित करता हूँ जिन्होंने मुझे मार्गदर्शन एवं प्रोत्साहित करने का काम अनवरत किया है।

साभार धन्यवाद,
श्याम कुमार लाल दास
(से०नि०अध्यापक)
+2 राज उच्च विद्यालय,दरभंगा, बिहार
(रचनाकार)
संपर्क सूत्र -
9430062947 (WhatsApp)
7091852946
ईमेल – skldas3435@gmail.com

लेखक परिचय

नाम - श्याम कुमार लाल दास (से०नि०अध्यापक)
माता- स्व० देवकुमारी देवी
पिता -स्व० चिरंजीव लाल दास
जन्मतिथि - 15-09-1952
शिक्षा - स्नातकोत्तर (द्वय) (अंग्रेजी,राजनीति शास्त्र),बी०टी०
कार्यस्थल – मध्यविद्या लय खिरहर,मध्य विद्यालय उमगांव,केशव उच्च विद्यालय विराटपुर एवं राज उच्च विद्यालय दरभंगा
कार्यानुभव - शिक्षण सेवा (बिहार सरकार) (15-10-1973 से 30-09-2012)
सम्प्रति -रचनात्मक लेखन हिन्दी साहित्य एवं सामाजिक सेवा
साहित्यिक उपलब्धि - विभिन्न मंचों से सम्मान प्राप्त
साझा संस्करण - (1) - सृजन सागर के मोती (2) - शिव महिमा गाथा
पत्राचार का पता - ग्राम-गौसनगर, पोस्ट-नगवास, भाया-अरेर हाट, जिला- मधुबनी (बिहार) पिनकोड 847222
संपर्क सूत्र - 9430062947 (WhatsApp)7091852946
ईमेल - skldas3435@gmail.com

शुभकामना सन्देश

सर्वप्रथम मन में किसी भाव का उदय होता है।

भाव का मनन करने से विचार का प्रादुर्भाव होता है।विचारों की अभिव्यक्ति से साहित्य का निर्माण होता है।यह अभिव्यक्ति कथा, गद्य, पद्य के रूप में आती है। शिल्प कारिता, कवित्व विधा नैसर्गिक है।इसलिए सभी विचारवान कवि नहीं हो पाते। चिः श्याम एक नैसर्गिक प्रतिभावान साहित्य के शिल्प कार हैं।

"मन के इर्द गिर्द" इनकी रचनाओं के संग्रह को प्रकाशित करने का प्रथम प्रयास है।मुझे इस संग्रह के अवलोकन का अवसर मिला था। मेरी हार्दिक शुभकामनाएं। चिः श्याम को भविष्य में अपनी रचनाओं से साहित्य को समृद्ध करेंगे, यह मेरा विश्वास है।

तीर्थ नारायण मल्लिक
सेवा निवृत्त वरीय पुलिस उपाधीक्षक, बिहार पुलिस,
ग्राम मनमोहन,
बासोपट्टी, मधुबनी बिहार

शुभकामना संदेश

आदरणीय श्याम कुमार लाल दास जी आपको मंगलमय शुभकामनाएँ प्रेषित कर रहा हूँ।

आपने हिंदी रसिकों को अपना स्वरचित "मन के इर्द-गिर्द" काव्य संग्रह समर्पित किया है। संसार में पुस्तक अपने आप में बेहद खूबसूरत शब्द है, वास्तव में पुस्तकों को पढ़ना संसार का अति श्रेष्ठ अनुभव प्राप्त करना होता है।

तथा जब हम विकट परिस्थितियों में होते है, तब पुस्तक ही हमारे मार्गदर्शक के रूप में साथ देती है। वास्तव में पुस्तक ही संघर्ष की सच्ची साथी होती है। आदरणीय जी आपने "मन के इर्द-गिर्द" काव्य संग्रह में समाज की प्राचीन व वर्तमान विचारधाराओं को, प्रकृति के सौंदर्य को व हिंदुस्तान की रंग-रंगीली संस्कृति का बेहतरीन तरीके से चित्रण किया है।

आपके जीवन का यह प्रथम काव्य संग्रह प्रकाशित होने पर आपको,आपके प्यारे परिवार को व आपके शुभचिंतकों को असीम शुभकामनाएँ प्रेषित कर रहा हूँ। मैं आपके साहित्यिक स्वर्णिम उज्ज्वल भविष्य की कामना करता हूँ। एक बार पुनः आपको हृदय तल से शुभकामनाएं एवं बधाई देता हूँ॥

इंद्रजीत सिहाग नोहरी,
विश्व हिंदी सृजन सागर मंच (अध्यक्ष)

अनुक्रमणिका

1. गुरु कृपा

गुरु सदा से श्रेष्ठ हैं, करते जग कल्याण,
उनके पावन चरणों में करता नित्य प्रणाम।
अंधकार हृद के अंदर का,
दूर किया सदा जिसने,
ज्ञान ज्योति का पुंज भरकर
समर्थ बनाया है उसने।
दिया उत्साह, साहस गुरु ने
और मिला उनसे वरदान,
साहित्य जगत अब करो प्रयाण तू,
जिससे होवे जन कल्याण।
गुरु के ही आदेश से, निकल पड़ा साहित्यिक यात्रा,
कृपा सदा बनाये रखना,
सदा मांगलिक रहे यह यात्रा।

2. विघ्नहर्ता गजानन

बुद्धि प्रदाता सकल सुख दाता,
विघ्न विनाशक, गजानन जान।
उमा है माता, पिता महादेव,
करते जग सबका कल्याण।

उमा अंक विघ्नहर्ता विराजे,
लक्ष्मी नारायण मन भावे।
सकल जगत सुमंगल दायक,
प्रथम हैं पूजित सिद्धि विनायक।

प्रखर बुद्धि के वे हैं मालिक,
यज्ञ सफल करे, गणपति नायक।
रूप लम्बोदर, शोभे चंदन,
यात्रा पूर्व करें नित वन्दन।

3. माँ शारदे

हे माता शारदा भवानी,
नतमस्तक करता हूँ प्रणाम,
बुद्धि हमारी प्रखर करो तू
ज्ञान बढाओ दो वरदान।

विद्या दायिनी सकल विश्व की,
वाणी झंकृत तू करती,
तेरी कृपा जिसे है मिलती
मान, सुयश, जग में बढ़ती।

श्वेत वस्त्र, श्वेत कमलासन,
श्वेत सवारी हंस वाहन,
सभी कलाओं से मुखरित हो,
वीणा है मधुर सुहावन।

विद्या, वाणी, और बुद्धि का,
प्रतिभा का तू अतुल भंडार,
करें पुनीत, अज्ञानी मन को,
निर्मलता आये व्यवहार।

हे माँ भवानी, सरस्वती,
करो अनुग्रह, दो आशीष,
यह कपटी मन तेजमयी हो,
सुखद रहे जीवन का शेष।

4. बजरंग बली

बजरंग बली है मेरा सहारा
मैं उनका हूँ भक्त,
मानस पटल पर सदा विराजे,
हरदम रहता मस्त।

अष्ट सिद्धि, नौ निधि के दाता,
जो हैं उनको भजता,
महावीर जो नाम सुनाता
भूत पिशाच भाग जाता।

सभी तरह की मनोकामना
पूरा हैं वे कर देते,
आरत भाव से जो कोई भजते,
सकल कष्ट हैं हरते।

पाठ नियमित मंगल, शनि को,
सुन्दर काण्ड का जो करे
खुशी उनको अपार मिलती
हनुमान भक्त राम का दर्शन करे।

5. सृजन

विश्व सृजन का जो है मालिक,
जिसने मुझको जन्म दिया,
नित-नित वंदन उनके चरण में,
सृजन शक्ति उन्हीं ने दिया।

सारी शक्ति डाल वह भेजा,
साथ दिया विवेक और मन,
कर्मभूमि यह जगत हमारा,
रचो, करो और रहो प्रसन्न।

सुन्दर चीजें ग्रहण करें हम,
बुरी चीज का कर परिहार,
मानव है सर्वोत्तम प्राणी,
खुशियाँ लाओ मन के द्वार।

परोपकार, मैत्री कायम कर,
रहो जगत सब मिल-जुल कर,
अर्थ, काम और मोक्ष मिलेगा,
सत्य, अहिंसा पथ चलकर।

6. प्रकृति

हमने नहीं रची है प्रकृति, नहीं रची है धरती,
क्या अधिकार है हमलोगों का, क्षति पहुंचावे इनकी।

हर प्राणी को वरदान मिला है, ईश्वर का अनुपम उपहार,
करें हिफाजत सदा सृष्टि का, सतत बढे इसका श्रृंगार।

पर्यावरण की करें सुरक्षा, वृक्षारोपण का हो अभियान,
विश्व पटल पर भारत माँ का, हो सर्वोच्च, मिले स्थान।

राम कृष्ण की धरती भारत, हम सब मिल करते हैं स्वागत,
धर्म की धुरी सनातनी है, रक्षक हम सब, इससे अवगत।

प्रदूषण से हमें है बचना, है किसान को जागृत करना,
वंचित, शोषित को आगे कर, उनको है सम्मान देना।

माँ प्रकृति और है धरती, हरी भरी फुलवारी फबती,
धरा धाम की पुण्य तेज से, तकदीर मनुज की है बनती।

7. जीवन-सागर

उमड़ -घुमड़ कर आती है,
तट से यह टकराती है ।
अनुपम रूप हमें दिखलाकर,
चट विलीन हो जाती है।।

चंचल रूप तीव्र गति संग,
भाव-विभोर डूबा मन रंग।
तरह-तरह के भाव बिखेरे।
जैसे बैठ, सुनते सत्संग।।

एक संदेश हमें है मिलता,
जीवन का यह सत्य बताता।
परोपकार पथ चलकर मानव,
अपना जीवन पुण्य बनाता।।

उछल-कूद जितना तू करले,
पल भर में शांत, हो जाएगा।
जहाँ से हम आए इस जग में,
अन्त में वही समाएगा।।

मानव जीवन है मिला,
सागर फेन समान।
धवल फेन सम उज्ज्वल,

कर चरित्र निर्माण।।
शांत चित्त हो, कर मनन,
जीवन का क्या अर्थ?
फूंक-फूंक कर कदम रख,
मत कर इसको व्यर्थ।।

अनमोल यह मानव जीवन,
फिर न मिले, इस रूप।
सत्य, अहिंसा, सदाचार बल,
कर ले इसे अनूप।।

8. शिक्षक

हम शिक्षक हैं, गुरुवर महान,
देते शिक्षा का अमर ज्ञान।

हम ऋषि मुनियों की परंपरा,
जिनके बल है यह विश्व खड़ा।

हमअखिल विश्व के ज्ञानी हैं,
हम ज्ञान का दीप जलाते हैं।

छात्रों के बीच हम जाकर के,
अंधियारा दूर भगाते हैं।

हमसे होता नव दिशा सृजन,
आगे बहु होता अन्वेषण।

हम गढते नव सुन्दर भविष्य,
जिनसे जग पाता भव्य दृश्य।

हम उपदेशक बन देते ज्ञान,
हम शिक्षक हैं, जग में महान।।

शिक्षक खुद ही अनुशासन है,
हम शासन और प्रशासन हैं।

हम दानी और भंडारी भी,
हम अखिल विश्व के नायक हैं।

कर्त्तव्य पथ के राही हम,
जीवन का सच्चा साधक हैं।

9. प्यारा भारत देश

पूज्य है प्यारा भारत देश।
पृथ्वी सबका पालन करती,
है कितनी सुन्दर यह धरती,
हरियाली से भरी पड़ी यह,
हरती दुख क्लेश। पूज्य⋯..

अरुण अंशु से करता स्वागत,
कहलाती यह माता भारत,
मारुत अपनी मन्द लहर से,
देती दिव्य संदेश। पूज्य–...

गौतम बुद्ध यहाँ थे आए,
सबको सुख शांति पहुँचाए,
गाँधी जी की अहिंसा का,
गूँज रहा उपदेश। पूज्य----

पपिहा की मीठी तानी से,
चर्चित होती है यह धरती,
विमल चन्द्र की शुभ्र रश्मि में,
फूलों की क्यारी में गणेश। पू०–..

जुगनू जलती जगमग करती,
हरी भरी फुलवारी फबती,
धरा धाम की पुण्य तेज से,

नर बनते अखिलेश।
पूज्य है प्यारा भारत देश।

10. कोयल-काग

कोयल-काग, श्याम रंग दोनों
मुश्किल है उसकी पहचान।

अलगअलग स्वर उनके होते,
बिखरे स्वर करतीआसान।

मीठी तान बिखेरे कोयल,
ऋतु बसंत जब आता।

कू!कू!की वह मधुर बोल से,
मन मुग्ध कर देता।

काँव-काँव की कर्कश ध्वनि,
काग समझ में आवे।

हर घर-आँगन, हर मौसम में,
अपना रूप दिखावे।।

मानव की काया के अन्दर,
छिपे हुए बहु रूप।

वाणी,और व्यवहार दिखावे,
उनके सही स्वरूप।

11. जीते जी पूज लो पितृ को

सबके कुल खानदान के पूर्वज,
धरा छोड़ गये परलोक,
जहाँ भी हों जैसे रहते हों,
नमन उन्हें है उस सतलोक।
पितृ पक्ष अभी बीत रहा है,
सबके पितर आए पितृलोक।

माता-पिता, भाई अरु दादा,
जीते जी सेवा कर लो,
वे होते भगवान से बढकर
इधर-उधर भटका ना करो।

सभी के पूर्वज होते घर में,
उनके श्रेष्ठ भगवान समान,
कभी न कोई कष्ट उन्हें हो,
रखना इन बातों का ध्यान।

हम सब हैं संतान उन्हीं के,
जीते जी सेवा कर लो,
पुण्य कमा लो इस जीवन में
पुलकित उनका हृदय करो।

धरा छोड़ यदि चले गए हों,
पितर लोक से देख रहे,
पितृपक्ष में तर्पण करके,
तृप्त उन्हें थोड़ा तो करें।

जीते जी पितरों की पूजा,
श्रेष्ठ भाव से जो नर करते।
पितरों से आशीष वे पाकर
जीवन अपना धन्य वे करते।

12. बेटी

बेटी जिस घर नहीं हो
वह घर दिखे उदास
बेटी काम है आती,
दूर रहे या पास।

बेटी से संसार बसा,
इस पर रखिए ध्यान
अधिकाधिक पढ़ाईए,
रखती है वह मान।

धन-वैभव की ना कमी,
बेटी लक्ष्मी होय
पूजा सब लक्ष्मी करें,
देवतुल्य वह होय।

बेटी से जग का भला,
देख रहे सब लोग।
अवसर उसको दीजिये,
शक्ति बढे हर रोज|

13. उम्मीद की किरण

दुनिया में सफलता असफलता मिलती रहती है,
आशाएँ, उम्मीदें बनती और ढहती रहती हैं,
लोग उम्मीद की किरण ले आगे बढता रहता है।

यही जिन्दगी है जहाँ यह खेल चलता रहता है,
जीवन आशा और निराशा संयोजे गुजरता रहता है,
मिलन और बिछुरन तो जिंदगी का खेल है,
बस, मौज मस्ती से जी लीजिए, यही जीवन का मोल है।

याद रहे, आशाएँ टूटने न पाए, कभी लक्ष्य डिगने न पाए,
मार्ग पर डटकर आगे बढते रहें, फिर सफलता पाँव चूमने आए।

आशाएँ जो तोड़ लेता, लक्ष्य से वह भटक जाता,
सफलता फिर नहीं मिलती, जीवन कष्टमय हो जाता।
सुखद जीवन हेतु सबको, सकारात्मक सोच लानी है
उम्मीद की किरणें बांधकर, सफलता प्राप्त करनी है।

14. प्यारे रघुनंदन
(गीत)

प्रभु !! हम भी शरणागत हैं,
सुनो मेरे प्यारे रघुनंदन।

ब्रह्ममुहूर्त तेरी पूजा करता,
प्रतिदिन दस माला भी जपता,
रोज-रोज आरती उतारूँ,
मेवा-मिश्री भोग लगाता,
करता हूँ कोशिश मैं नियमित,
तुझे बसा लूँ अंतर्मन।
सुनो मेरे प्यारे रघुनंदन।

कोई नहीं इस जग में मेरा,
किससे बात करूँ मैं ??
सदा निहारूँ तेरी ओर ही,
दृढ विश्वास है तुझमें ।
भक्ति की डोरी थाम लिया हूँ,
हरदम राम नाम करूँ चिंतन।
सुनो मेरे प्यारे रघुनंदन।।

विनती एक करूँ प्रभु तुमसे,
मैं बालक नादान ,
मन में रावण ठेंगा मारता,
भटकाता मेरा ध्यान,

मन को वश में कर मेरे ठाकुर,
भर मन प्रज्ञा, ज्ञान,
जीवन का संबल प्रभु तुमही,
कर दो इसे चंदन।
सुनो मेरे प्यारे रघुनंदन।।

जननी माँ जग छोड़ चली हैं,
पिता भी स्वर्ग सिधार,
दिखता कोई न आगे-पीछे,
जीवन विकट पहाड़,
रघुनंदन तेरी ही आशा,
बीच पड़ा मझधार,
माँझी बनके साथ तू देना,
करना बेरा पार,
करूँ मैं तेरा अभिनंदन।
सुनो मेरे प्यारे रघुनंदन।।

15. हे हनुमंत
(गीत)

हे हनुमंत, ऋषिवर संत,
तेरी महिमा दिग् दिगन्त,
शरण में आया सेवक तेरा,
नजर उठाओ, मेरे प्रिय कंत।

जनम-जनम का मैल है बैठा
दूर हुआ नहीं अब तक,
चौथेपन से गुजर रहा हूँ
बहुत कमी है अब तक,
कैसे दूर करूँ कमियों को
हारा थका आया तेरी शरण
तेरी कृपा दृष्टि एक संबल
क्षण में ही हो जाये अन्त।
हे हनुमंत।

राम तुम्हारे इष्ट रहे हैं,
तुम उनके प्रिय सेवक,
भरत सरीखा भाई भी तुम हो,
राम द्वार के रक्षक,
तुझ पर मेरा बहुत भरोसा,
मन निर्मल कर,
मैल का अन्त।
हे हनुमंत।

परोपकार जीवन भर मैंने
करता आया अब तक,
हो तल्लीन शिक्षण सेवा में
धर्म निभाया अब तक,
फिर भी लगता बहुत कमी
रह गयी है मुझमें अब तक
तुम ही दूर करोगे मुनिवर!
चरण गहा मैं तज निज दंभ
हे हनुमंत ! ऋषिवर संत !
वीर हनुमंत !

तेरी महिमा बहुत निराली
करते सेवक की रखवाली
अब विलम्ब मत करना स्वामी,
मत लौटाना खाली-खाली,
जबतक शेष बचा है जीवन
महके पुष्प सुगन्धित लाली
शक्ति तुम्हारी मुझे विदित है
तुम हो लाल लंगोटी वाले
मेरी विनती भूल न जाना
दया तू करना योगी संत।
हे हनुमंत।
हे हनुमंत !
जय जय पवनपुत्र हनुमंत !

16. मामला कुछ यूँ बिगड़ा

रात अंधेरी, अपने घर सोयी,
युवती रहती थी वह अकेली।
चुपके पाँव बबजिया आया,
आहट सुन वह शोर मचायी।

हाथ में डंडा, लेकर निकली,
सखी पड़ोसन को ली संग।
बगल बबजिया के घर पहुँची,
शुरू हुआ हल्ला-हुड़दंग।

रात मामला कुछ यूँ बिगड़ा,
शुरू हुआ फिर रगड़ा-झगड़ा।
बबजिया को, सब मिल लाया,
लप्पड़-थप्पड़, बहुत लगाया।

फिर स्वीकार किया गलती जब,
फेक थूक, उससे चटवाया।
पुनः न ऐसी, हरकत करना,
समझाकर फिर उसे भगाया।।

17. एक छोटी सी आशा

एक छोटी सी आशा,
अब तक रह गयी प्यासा,
न पूरी हो पाई;
रह गया अविवाहित जीवन,
शहनाई बज नहीं पाई।।

अब बाजे भी कैसे,
बीत गयी तरूणाई।
मिलन की आश,
छाई दिन-रात,
अभी भी भूल ना पाई।

प्रतिदिन जब जगती हूँ,
लेती भगवत् का नाम।
दरवाजे जो आवे ,
रखती हूँ उनका मान।

जीवन से थककर हारी,
प्रभु के शरणागत हूँ।
वे चाहे जैसे रखें,
मैं होश में आई हूँ।

अब नाम सदा प्रभु का
भजती ही रहती हूँ ।
विश्वास अडिग है बना
इज्जत से रहती हूँ ।

कंचन सी काया मिली,
मैं रूपवती हो गई।
ईश्वर के शरण जाकर,
सौभाग्यवती भी हुई।

अब शेष जीवन मैंने,
प्रभु में हीं लगाई हूँ।
अब मिलती खुशी हरदम,
शरणागत हो आई हूँ।।

18. हमारी हिन्दी भाषा

1

हम सब हैं भारत के वासी,
हिन्दी हमारी भाषा है।

फैल रही खुशबू इसकी है,
हिन्द की निर्मल आशा है।

संस्कृत है इसकी जननी,
मानव की संस्कृति भरी।

वहीं से छनी-पली है हिन्दी,
भारत में है निखर रही।

इसमें शक्ति है छिपी,
निकट बैठाये अन्य।

घुल-मिल जाए जल्द सभी,
यह भाषा है धन्य।।

2

धन्य हमारी हिन्दी भाषा,
सत्य-अहिंसा सीख सिखाता।
राष्ट्र भक्ति का प्रेम लबालब,
जीवन का कटु सत्य बताता।

आध्यात्मिकता ज्ञान में डूबी,
भारत बना है विश्व महान।
परोपकार सच्चाई के बल पर,
धैर्यवान रह, कर कल्याण।

हिन्द हिन्दी की नजर में,
अखिल विश्व दिखता है एक।
अनगिनत ब्रह्माण्ड हैं समाये,
हम हैं इनके रूप अनेक।

3

हिन्दी सरल, सुबोध भाषा,
सब समझ लेते हैं इसे।
जिसको है जितना ही ज्ञान,
वे परख लेते हैं उसे।

गावों के निपट गँवार भी,
बेधड़क इसको बोलते।
जैसी जरूरत जब पड़े
वे प्रयोग वैसा करते।

अलंकार इसमें भरा,
मुहावरे की खान।
रस भी इसमें है मिला,
गुणवत्ता में है महान।

आलिंगन करती दिखे,
मधु रस मिलता जान।
रौद्र रूप में जब आए,
महाकाल के समान।
वीर रसों में जब आए,
दुश्मन खदेड़ भगा पाए।

4

हमारी हिन्दी भाषा
सुबह सबेरे घर-घर आती,
हिन्दी समाचार छा जाती।
हर कोने से न्यूज़ छापकर,
बहुत तरह के भाव जगाती।

दिनकर, पंत, निराला सदृश
कवि, लेखक, विद्वान हुए।
प्रस्तुत रचना सरल तरीका,
अंधकार जग दूर किये।

रहीम, सूर, तुलसी, कबीर
दे दिव्य ज्ञान जग बने महान।
आओ हिन्दी दिवस मनाएं,
निज भाषा का कर उत्थान।

5

हिन्दी हिन्द की जान है,
यह इसकी पहचान है।

राम, कृष्ण कण-कण में बसते,
भारत देश महान है।
गौरव गाथा यहाँ भरी है,
संतो की श्रृंखला खड़ी है।

हम सब इनके अनुयायी हैं,
संस्कृति की धरा यहीं है।

हिन्दी हिन्द वतन में चहुँ दिश
फैल रही नव ले श्रृंगार।

विश्व जगत की हृदय पटल पर,
गले चमक सुन्दर बन हार।

19. पढाई का महत्व

वक्त तेजी से बदल रहा है,
हर समाज में यह दिखाई पड़ रहा है,
झुग्गी झोपडी में रहने वाले बच्चे बच्चियाँ,
अब पढाई लिखाई कर रहा है।

गरीबी जीवन मनुज का संताप है,
समझिये पूर्व जन्म का यह कोई पाप है।
इससे त्राण पाना ही जीवन का धर्म है,
बच्चों को शिक्षित करना हमारा मूल कर्म है।

गाँव से शहर तक ट्युशन की होर लगी है,
लड़कियाँ बढ चढकर भाग लेने लगी है।
रिजल्ट भी अच्छा लाती है हमारी बेटियाँ,
घर परिवार में खिलाती है बनाकर दो रोटियाँ।

बच्चे बिना यह जीवन अधूरा लगता,
दौड़ धूप, गिरना-उठना इनका, मुझे अच्छा लगता।
शिक्षा पाकर ये बच्चे आगे अपना जीवन उज्ज्वल करेंगे,
साथ-साथ भारत का नाम भी रोशन करेंगे।

20. घटता संस्कार

शहर से बाहर गाँव तक,
शिक्षा का हो रहा प्रचार,
स्कूल कालेज भीड़ लगी है
बदल रहा आज संसार।

पढ़ लिखकर वे कमाने जाते
जाँच परीक्षा फेल हो जाते
भीतर योग्यता सही नहीं है
अधिकांश नवयुवकों का हाल यही है।

अभिभावक की पकड़ बच्चों पर नहीं,
काबू से बच्चे बाहर हैं ।
उदंडता पराकाष्ठा पर है
"संस्कार में गिरावट" है।

संस्कार गिरने का उसे भान नहीं,
अभिभावक लेते कोई संज्ञान नहीं,
कैसे सुधरेगा आज का यह समाज,
प्रश्नवाचक चिह्न सभी के समक्ष है आज।

बच्चों का संस्कार बनाना
अभिवावक का धर्म है
जो ऐसा नहीं करते
वे बहुत बेशर्म हैं ।

बड़े बुजुर्ग कहा करते हैं,
यह फैशन का युग है,
इसमें सब डूबे हुए हैं,
प्रतिस्पर्धा की दौड़ में सब,
एक दूसरे को पीछे छोड़ रहे हैं।

पढने से ज्यादा मतलब नहीं
डिग्री मिलनी चाहिए ।
कॉपियाँ भर के आ जाते
डिग्रियाँ मिलती जाती है।

कहते हैं हम मजदूर तबके के लोग हैं,
कुर्सी वाली नौकरी की कोई बात नहीं,
मिली तो ठीक, अन्यथा मिहनत करके
मजदूरी तो मिलती ही है।

21. जीवन

जीवन एक खेल है, खेलना इसे पड़ेगा,
हँसकर खेलो या रोकर खेलो, जीना हमें पड़ेगा।

सुख-दुःखआते ही रहेंगे, यह जीवन का आयाम है,
क्षणिक ये रहेंगे, फिर चले जाएंगे, यह जीवन का प्रमाण है।

तो क्यों न हम जीवटता के साथ इसे हँस-खेल कर बितावें,
यह तो प्राणवान है।

हटावें मनहूसियत को, बनावें उर्जावान।
मायारुपी चादर को बहार कर, कर लो परोपकार,
गरीबों का सहारा बन, दीन दुखियों को गले लगा,
मन की मलीनता को हटा।

रहस्यों से भरा है जीवन, पता नहीं कब आए कैसा मोड़,
पुरुषार्थ को सहारा बना, पहुँचो दूसरी छोड़।

परमेश्वर सबके घट अन्दर, सब कुछ देख रहा है,
क्षणभंगुर सबका है जीवन, प्रतिक्षण खींच रहा है।

न जाने कब थम जाए यह रुक जाए साँसों की डोर,
मस्ती से जी लो यह जीवन, सुयश फैल जाए चहुँ ओर।

22. अनुपम रूप

हरा भरा उपवन में दिखती,
सजी है सुन्दर नारी सी,
बदन सजी मक्के की पत्तियाँ,
बाल सजी है बाली से।

मक्का छू लिया है यौवन,
हरा लिए अपना परिधान,
छटा निराली, दृश्य मनोरम,
कृषक पसंदीदा यह जान।

मक्का खेती में खर्च बहुत,
निगरानी भी ज्यादा,
रक्षा करने के लिए,
जुबली दिखती वहाँ खड़ा।

कुदरत का है खेल अजीब,
मक्का पौधा दिखता सजीव।
हरा रंग में सज धज दिखती,
नारी का ले रूप करीब।

खेत लिए हरियाली चहुँ दिश,
बाली उग आई हर पेड़।
डंठल यौवन पा इतराए,

मनमोहक सुगंध बिखेर।

अनुपम रूप उपस्थित करती,
नव परिधान सुन्दरी दिखती,
बिखरे बाल पीठ फैलाये,
खेत खड़ी रखवाली करती।

प्रकृति की गोद खड़ी मतवाली,
कोई नहीं सजाने वाली।
पाई प्रकृति देवी अनुकम्पा,
पथिक दृष्टि चौंकाने वाली।

23. मीरा दीवानी

तेरे द्वारे पर आना मेरा काम है,
मेरी किस्मत बनाना तेरा काम है।
बालापन जब मैं देखी छत से एक बारात,
थी संग में माँ बैठी, मेरे ही साथ।

मैं माँ से पूछी, मेरा दुल्हा है कौन ?
कृष्ण मूर्ति इशारा, दिखाई रह मौन।
तब से माना कन्हैया को अपना पति,
रही हँसती रिझाती उनकी हर खुशी।

सारी रात-रात रह संग, रूम करती थी बन्द,
मीरा नाचती रही, गीत गाती रही।
वयस होने पर शादी हुई कुम्भा संग,
पर वह थी समर्पित कन्हैया अंतर्मन।

रास भाया नहीं, घर वालों को यह,
सताने वे लगी, फिर नाना तरह।
मीरा कृष्ण की दीवानी बनी ही रही,
भेद जाना न और जगत में कोई।

'श्याम' विनती करे कृष्ण मुरारी से यह,
जाम मुझे भी पिला, जो मीरा को दिए।

24. स्वप्न लोक में विचरण

स्वप्न लोक में विचर रहा
जा पहुँचा यमराज के द्वार,
चौखट पर यमदूत खड़ा था
कुशल क्षेम पूछा परिवार।

तब पूछा वह कहाँ है जाना
किधर से हुआ यहाँ तक आना,
इन्द्र पुरी है मुझको जाना
भगवन इन्द्र से मुझे है मिलना।
बतलाया यमराज से पहले
अनुमति तुमको लेना होगा।

जब बतलाया मैंने उनको,
धरा धाम से मैं आया,
राम का सच्चा सेवक हूँ मैं,
हनुमत दूत यहाँ आया।

बता दिया इन्द्रपुरी का रास्ता,
सरपट दौर गया मैं जब,
देखा इन्द्र सिंहासन बैठे,
खुश हो झूम रहे थे भक्त।

कुछ भक्तों से मिला वहाँ
वे दे रहे ज्ञान उपदेश ।
बता रहे थे सब भक्तों को
सबसे सुखद हैं भारत देश ।

नृत्यांगनाएँ नाच रही थी ,
अर्द्ध नग्न होकर वे मस्त।
देव इन्द्र से जब मैं पूछा,
इसका कब होता हैं अस्त?

बतलाए यह इन्द्र लोक है,
सारा सुख मिलता है यहाँ।
तुम भी क्या यही रहोगे,
या लौटोगे पुनः वहाँ।
ना रे बाबा, ना रे बाबा,
कहकर धरा-धाम लौटे।

आभासी दुनिया की मित्रता,
ऐसे ही दिखती जग में,
नींद खुली अपने को पाया,
सोया हूँ अपने घर में।

25. आत्मकथा का एक अंश

उम्र हुई इक्कीस की मेरी,
मिल गयी सरकारी नौकरी।
शिक्षक पद योगदान किया मैं,
दृष्टि अनोखी थी थोड़ी।

शादी होने के पहले की,
आत्मकथा सुनाऊँ तुमसे आज।
जब कोई कन्यागत आता,
कान खड़ा करता था समाज।
बात नहीं जब बनती उनसे,
जानना चाहे क्या है राज।

एक दिन माँ मुझसे बोली,
साफ बताओ दिल की बात
क्या चाहत है मन में तेरे,
खुलकर तुम बतलाओ आज।

माँ, मुझको ऐसी कनियाँ हो,
पढ़ी-लिखी जो गोरी हो,
कद-काठी में दिखे जो सुन्दर,
जो स्वभाव से भोली हो।

बीत गया पाँच वर्ष ऐसे,
मेरा मन जब ऊब गया,
गया मैं तब, कलानेश्वर मंदिर,
बाबा में मैं डूब गया।

बाबा देख मेरा मन अर्पण,
मेरा मन संतृप्त किया।
मेरी इच्छा के अनुरूप,
कन्यागत वह भेज दिया।

वहीं हो गयी मेरी शादी,
शिक्षक परिवार मिला।
खुश हुआ हूँ मैं इस जीवन,
हरा भरा संसार बसा।

26. भेद भाव प्रगति में बाधक

भेदभाव रखकर सम्यक प्रगति करना कठिन प्रतीत होता।
जीवन बिताना खुशी पूर्वक सबको अच्छा महसूस होता।
धनी, गरीब, ऊँच, नीच, ऐसा सोचना अनुचित लगता।

अभी तक छुआछूत करते दिखते लोग गलत होता।
भेदभाव भुलाकर सब मिलकर आगे बढना उचित लगता।

अपने-अपने कर्म क्षेत्र में तल्लीन हों कार्य करते रहें,
भेदभाव से ऊपर उठकर दया, परोपकार करते रहें।

भेदभाव करना, कारण जो हो, प्रगति में बाधक होता है,
समाज, राष्ट्र, विश्व का, इससे नुकसान बहुत होता है।

यहाँ जो कुछ है, वह ईश्वरीय विधान का परिणाम होता है,
भेदभाव करना हम बंद करें हर मानव इन्सान होता है।

हाँ, हममें कमियाँ बहुत आई हैं, मिलजुल कर दूर करें इसे,
भारत को शिखर पर ले जाना है, प्रेम से रहना सीखें ।

27. मजबूर नारी

चित्र देख मैं हुआ अचम्भित
सुन्दर नारी है परिलक्षित।

जीवन से यह ऊब चुकी है,
जान गँवाने को संकल्पित।

नंगा पाँव चढी है पोल पर,
न लगती है बिजली मिस्त्री।

हाथ है खाली, नजर चौकन्ना
भीड़ से बच दिखती है स्त्री।

द्वंद्व में डूबी दिखती नारी,
सोच रही मेरा क्या कसूर।

मेरी कुछ गलती नहीं,
मरने को फिर क्यों मजबूर।

28. आधुनिक युग के गुरु

आज वो गुरुकुल नहीं रहा, न गुरु-शिष्य परम्परा ।
न वह शैली, न अनुशासन, शनैः-शनैःवह गुजर गया।

अधुना काल गुरु हुए शिक्षक, केवल डिग्री धारी।
नहीं पढाने आतुर दिखते, न करते तैयारी।

ज्ञान शिखा से स्वयं दूर वे, वंचित रह जाते अब छात्र।
खैनी गुटका पान चबाकर, वर्ग पढाते शिक्षक आज।

लूट मची है स्कूल-कॉलेज, अधिकाधिक कमाने में,
मस्त है शासन और प्रशासन, खाने और खिलाने में।

प्रणाम, हुआ गुड मॉर्निंग,बदल गया है जमाना ।
शिक्षा पद्धति भी अब बदली, करते सब मनमाना।

अभी भी कुछ ऐसे हैं शिक्षक, जो हैं काफी योग्य,
उनके बल शिक्षा दौड़ रही है, होते छात्र सुयोग्य।

29. हम कैसे जियें इस संसार में (सिहरी विधि)

अपने वश
कुछ नहीं चले जग
सब अवगत।

हानि लाभ
जीवन मरण यश अपयश
विधि हाथ।

काम क्रोध
लोभ मोह मद मत्सर
गुमान तज।

क्षमाशील धैर्यवान
विनम्र विवेकी आचरण रख
जीवन सज।

मृदुल वाणी
प्रेम सबसे रख, बैर
त्याग, जीवन!

कर्मशील बन
पुरुषार्थ कर विश्वास रख
बढाओ कदम।

अनुगमन सत्यपथ
आदर्श सोच रख बिताओ
क्षणभंगुर जीवन।

धन दौलत
सबका यहीं रह जाएगा
व्यर्थ परेशान।

पुरुषार्थ बल
उपकार कर बनाओ यहाँ
अपनी पहचान।

अपना शरीर
हमें साथ नहीं देता
सदा यहाँ।

सिर्फ कर्म
सदा साथ देता अन्तिम
क्षण तक।

अपना जीवन
बिताओ इस तरह,
लोग करें गुणगाण।

कर्म बदौलत
निशान छोड़ जाओ यहाँ

होगे महान।
भूलना मत
परम पिता परमेश्वर,
साथ रहते सदा।

करो समर्पण
सब कुछ उनके चरण
धन्य जीवन।

30. राम घर आएँगे

राम घर आने वाले,
समय अब दूर नहीं,
हम भारतीय, हिन्दू हैं,
मजबूर नहीं।

था एक समय पहले,
मुगलों ने कुटिलता की,
उन्हें निज अपने ही घर में,
मिट्टी में दबा रखी।

छल से मुगलों ने उसे,
मस्जिद का रूप दिया,
फिर भी हम धैर्य रखे,
कानून से लड़ते रहे।

सब साक्ष्य जुटा करके,
न्यायालय प्रस्तुत किया,
विजय सत्य की हुई,
असत्य दूर हुई।

उन्हें अब मिला है अपना घर

राम अपने घर आएंगे,
हम भारत वासी सब जन,
मिल खुशियाँ मनायेंगे।

राम सब घट में बसते हैं,
वे सब कुछ देख रहे,
हम शरणागत उनके,
मेरे हृदय सदा रहते।

करता प्रणाम उनको,
आशीष वे देते रहें।।

31. असह्य गरीबी

ऐसा चित्र कहाँ से उकेरा
बहुत गरीबी है दिखती,
आँखे मेरी असमर्थ है
नजर नहीं टिक पाती।

भारत में यह सब होता आया,
नहीं किसी को कुछ भी मतलब,
सरकारें सब देख रही हैं,
रास्ता नहीं निकल रहा है संभव।

बड़े बड़े धनवान यहाँ के
खाना खा नहीं पाते,
अच्छा भोजन शेष जो बचते
कूड़ेदान फेंक देते।

पेट सबका एक समान है,
भूख सभी को है लगती,
लाती गरीब माता चुनकर
खिला जूठन पालन करती।

करम भाग्य सबका अलग,
विधि का यही विधान,
सुख दुःख ललाट जिसका जिसे,
इसका न कोई निदान।

32. डॉ० भीमराव अंबेडकर

(सिहरी विधि)

भीमराव अंबेडकर
संविधान सभा अध्यक्ष हुए
संविधान निर्माता।

सर्वजन हितैषी
दलित मसीहा,तेज तर्रार
जुझारू जीवन।

वंचित समर्थक
हर वर्ग उत्थान हेतु
बनाया संविधान।

दण्डनीय अपराध
अस्पृश्यता, दूर करने हेतु
लगाई धारा।

छूआछूत भेदभाव
किया उसने जमकर विरोध
सामाजिक विषमता।

राष्ट्रहित सर्वोपरि
कानून नजर सब समान

बनाया विधान।

धार्मिक स्वतंत्रता
भाषण राष्ट्र विरोधी नहीं
दिया अधिकार।

समस्त भारतवासी
किया स्वीकार, दिया प्यार
अपना संविधान।

निर्वाण दिवस
पर हम भारतवासी करते
उनको नमन।

मृदुल स्वभाव
नारी उत्थान, रहा ध्यान
जिंदगी भर।

33. स्वामी विवेकानंद जी

मकर संक्रांति का पुण्य पर्व,
सुबह सवेरे छाया हर्ष
कलकत्ता दत्ता परिवार,
वीरेश्वर का हुआ जन्म।

प्यार से उनको बिले कहते,
अन्नप्राशन दिन हुए नरेंद्रनाथ,
माता भुवनेश्वरी देवी धर्म परायण महिला,
नामी वकील थे पिता विश्वनाथ।

नियम पूर्वक भगवत पाठ होता था सदा,
पूरा घर भगवान भक्त था,
माँ थी शिव का अनन्य भक्त,
पूर्ण भरोसा शिव पर रखकर,
रहती थी हरदम वह मस्त।

शिव का ही प्रसाद नरेंद्र था,
जन्म से ही थे प्रतिभावान,
आगे चलकर धर्म मंच पर,
भारत पाया सर्वोच्च स्थान।

अपना नाम बदलकर वे,
स्वामी विवेकानंद कहलाने लगे,

देश-विदेश घूम-घूमकर,
हिन्दू धर्म का प्रचार-प्रसार करने लगे।

कहते थे वे- डुबा डाल मानव तू गंगा,
ईर्ष्या और अहंता को,
सदा काम करते रहो,
सदा तू हित कर जनता को।

घिस पिटकर मरने की अपेक्षा,
कुछ करके मरना अच्छा,
व्यर्थ समय मत कोई गँवाना
जीवन को करना सच्चा।

34. बालक और वृद्ध

बालक और वृद्ध से मिलकर रचा बसा है यह संसार,
वह घर जहाँ इनका अभाव है, सूना लगता वह परिवार।

बच्चा दौड़ धूप कर, किलकारी मारकर आनन्द देता है,
बूढा गोदी उठा उसे, प्यार से पुचकारकर आनन्द देता है।

दोनों आनन्द के पात्र होते, पर उनके रास्ते अलग होते।

बालक जीवन का अनुभव ले रहा है इस दुनिया से,
वृद्ध अपना अनुभव साझा करता उन बालकों से।

कुछ परिवार वृद्ध को बोझ समझते, यह उनकी नादानी है,
उम्र की इस दहलीज पर जो इन्हें कष्ट देते, वह शैतानी है।

उम्र अधिक होने से बूढ़े में भी बालक सा स्वभाव होता
विस्मरण,चिरचिरापन, हठधर्मिता आदि लक्षण आ जाता।

यह दोष नहीं, बल्कि बुढ़ापे का गुणधर्म है,
जो इस तथ्य को नहीं समझता, वह बेशर्म है।

संतान सोचे, वे भी बचपन से गुजरे हैं, आगे बूढ़े होंगे
बच्चे सब सीख रहे हैं, जैसा आप करेंगे, फल वैसा पाएंगे।

बालक और वृद्ध सबका अपना स्थान है,
सम्मान दें इन्हें, जग में दोनों महान हैं।

बिना इनके श्रृष्टि नहीं चलती,
इनमें से किन्हीं के अभाव में यह जिन्दगी नीरस लगती।

बालक-वृद्ध हर घर में हैं, उन्हें सहारा और प्यार दीजिये
दोनों को जरूरत है प्यार और देखरेख की,
अपना काम भी साथ करते जाइए।

बच्चों को प्यार तो करते हैं, वहीं वृद्ध को फटकारते हैं,
कथमपि ठीक नहीं है, घर का संस्कार बिगाड़ते हैं।

समझिये इस बात को, संस्कार कहीं बाहर से नहीं आता,
हमारे आपके कर्मों को देखकर बालक सीखता है,
आगे चलकर वह भी वैसा ही करता है।

याद रखिये जैसी करनी वैसी भरनी, सुधार लो स्वयं को,
नहीं तो घुट घुट कर मरनी।

35. मेरा घर सबसे प्यारा

जननी जन्मभूमि की मर्यादा
सदा से होती है आयी
अलग-अलग घर-द्वार हमारा
उसमें सब रहते आये।

छत का घर हो या छप्पर हो
लगता सबको न्यारा न्यारा
होती अपनी वहाँ व्यवस्था
अपना घर सबको प्यारा।

थका हारा काम से लौटे
जब अपने घर में आ जाए
आते सुकून बहुत है मिलता
बीबी देती चाय पिलाय।

सकुशल देख परिवार में सबको
मिलता है अद्‌भुत आनन्द
स्वर्ग का सुख अपने घर पावें
बिस्तर बसता परमानन्द।

36. नारी पर अत्याचार

सूरत तेरी बहुत निराली
सीरत शायद है खोटी
घर वाला मौका निकालकर
जमकर तुमको है पिटी।

शक्ल बिगाड़ा जिस किसी ने
भीतर का है वह अज्ञान
पुरुष प्रधान देश है भारत
करना है नारी उत्थान।

आश्रित बनकर नारी पुरुष का
जहाँ देखने में आती
ऐसी घटना होती रहती
अनपढ समाज ज्यादा होती।

शिक्षा दे, समृद्ध बना, आत्म निर्भर,
करना हर घर नारी
नारी के प्रति बढी क्रूरता
तभी घटे जगती सारी।

दया की भीख मांगती नारी
दिखती बेबस और असहाय
केवल ऐसी तस्वीर लाकर
नहीं मिलेगा सही उपाय।

37. अंकुश

खुली छूट बच्चों को देकर
बिगाड़ रहे अपनी संतान
आगे चलकर वैसी माताएँ
बच्चों से रहते परेशान।

इसी लिए जरूरी रहता
बच्चों पर रखना अंकुश,
प्रेम से उसको शिक्षा देना
रखना सदा तू उनको खुश।

शिक्षित और सभ्य बच्चे ही
आगे देश सँभालेगा,
जहाँ रहे जिस क्षेत्र रहे वह
देश का मान बढ़ाएगा।

अनुशासन सबके भीतर हो
यह है बहुत जरुरी
माता-पिता स्वयं ध्यान दें,
यहाँ न हो मजबूरी।

38. वैचारिक शुद्धता

सही सलामत जीवन हेतु
कान आँख मुख रखना शुद्ध
शुद्ध विचार से चिंतन करना
होता कोई तभी प्रबुद्ध।

जीवन जितना सात्विक होगा,
होगे कभी नहीं मजबूर,
सारे अवगुण दूर हटेंगे,
खुशियाँ छाएँगी भरपूर।

जिस ड्यूटी में जहाँ लगे हों
निष्ठा से पूरी करना,
वैचारिक शुद्धता रखकर
जीवन-पथ आगे बढना।

ईश्वर सब कुछ देख रहे हैं
उनसे कुछ छिपा नहीं सकते
यही भावना हरदम रखकर
ज्ञानी आगे बढते रहते।

बुरे कर्म का बुरा नतीजा
विदित है जग में यह सबको
फिर भी मानव नहीं सँभलते
जो करे सत्कर्म, सुख मिले उसको।

39. किसान

दिन रात मेहनत कर उपजाता, अन्न किसान।
भारत कृषि प्रधान देश है सब देशों में महान।

खेती के लिए समय पर, मिलता नहीं अनुदान।
भूखे पेट रहकर देना पड़ता अपनी जान।

प्रकृति साथ नहीं देती समय पर,
इसलिए गरीबी बढी हुई है।

नयी तकनीक आने से
उपज भी बढ़ी हुई है।

खुशी फैलेगी देशवासियों को
और बढ़ेगा सम्मान।

धीरे-धीरे इन तथ्यों का
हो जायेगा सबको ज्ञान।

40. आम जन के कवि-दुष्यंत कुमार जी

हिंदी कवि दुष्यंत कुमार
कथाकार और गजलकार
होती थी रचना उनका उत्तम
अल्पायु रहे वे इस संसार।

एहतियात रखते थे हरदम
रचने में कोई भी बहर
चंचल मन जवान-ए-शायर
नहीं था होता किसी का डर।

गजल जो उनका मन से पढता
सब में है उत्तम निजाम
माता रामकिशोरी देवी
रखती उन पर हर दम ध्यान।

आपातकाल की दौड़ में
कवि मन हुआ बहुत ही क्षुब्ध
कालजयी गजल तब रच कर
हुए जगत में अति प्रसिद्ध।

41. नव वर्ष हो मंगलमय

नव वर्ष सभी का मंगलमय
सुखमय करुणामय निर्मलमय
सबके मन में हो प्रेम राग
चहुँ ओर शांति प्रेमानुराग।

सब में जागृति हो मिलन शक्ति,
आसक्ति बढ़े भगवन की भक्ति,
हो परोपकार सब दिखे उदार,
ममतामय स्नेहमय सबका व्यवहार।

सब अनुशासनबद्ध दिखे भारत,
नव वर्ष का हो मिलकर स्वागत,
प्रभु राम विराजेंगे निज घर,
वह घर भी दिखे सबसे सुंदर।

हम मिथिला वासी लेकर संदेश,
सब क्षेत्र से जाएँगे अयोध्या,
वहाँ भव्य राम का दर्शन कर,
अपने को पुलकित पाएँगे।

सब में जागृति हो शक्ति अपार,
हो वातावरण गुंजित मधुर प्यार,
सब लोग दिखे महिमा मिथिला,

नारी शिक्षित हो बने सबला।
अन्याय घटे महि से इस वर्ष,
सबके जीवन भर जाए हर्ष,
इस तरह बढ़े यह नई सुबह,
अति शीघ्र दूर हो सभी कलह।

42. उड़ान कल्पनाओं की

इन दिनों मैं कल्पनाओं की
उड़ान में हरदम रहता हूँ,
दिन भर लिखता पढता हूँ
शाम होते ही थक जाता हूँ।

सोचता हूँ, मेरी कविताओं का
प्रेरणादायी स्वरूप हो
जल्द से जल्द किताब छप जाए,
कुछ अलग ही रूप हो।

कुछ वरीय रचनाकारों की
सम्मति लेना चाहता,
समयाभाव और सम्पर्क नहीं होने से,
बचा रह जाता।

ठंड बीतते ही कल्पना
व्यावहारिक रूप ले लेगी,
फरवरी बीतते ही,
सर्वसुलभ हो जाएगी।

43. हमें तुम मिल गए जिन्दगी मिल गई

हमें तुम मिल गए जिन्दगी मिल गई।
भटकता रहा दिल ढूँढता रहा,
गोरी की तलाश जारी ही रही,
समय तो लगा, देर ज्यादा हुई,
हमें तुम मिले, जिंदगी मिल गई।

अब एक ही तुला के, हम दोनों पलड़े हैं,
कभी तुझे उठना है, कभी मुझे झुकना है,
कदम से कदम मिल हमें चलना है,
जिन्दगी के हर पल आगे ही बढना है।

सुख दुःख तो मिलेंगे, आएँगे जाएँगे,
कसम है हमारी, कभी विचलित न होंगे,
हम दोनों जवाँ हैं, दिल में आती कसक है,
समझती तुम हो अच्छी, फिर भी एक हिचक है|

नयनों की पलक अब नीचे मत करना,
जीवन है बिताना, समझदारी है लाना,
देर से ही सही अब तुम मिल गई है,
जिंदगी अब बेहद अजनबी सी हुई है।

44. नारी तुम नारायणी हो

नारी तू अनमोल रतन हो
धर्म जगत की श्रेष्ठ स्वरूपा,
विश्व मोहिनी, फलदायिनी,
माँ स्वरूप अद्‌भुत है रूपा।

कामायनी, धर्मधुरी रक्षक,
शक्ति निहित जस नारायणी
भक्ति भाव जगदम्बा माँ तू
सकल विश्व मन मोहिनी।

तुम बिन दिखे जगत यह सूना,
तुमसे होता जग उत्पन्न,
पालन-पोषण तू ही करती
गुण धर्मों में सबसे भिन्न।

शरण में आता दीन-दुखी जो
आर्त्त भाव से जो भजता,
कृपा अनुग्रह तेरी उन पर
शरणागत को झट मिलता।

45. मर्माहत माता पिता

आप जो तस्वीर दिखाते हैं
दर्द भरी रहती सदा,
शायद आपको ऐसा दिखाने में,
बहुत आती हो मजा।

इस कलिकाल में ऐसी घटना
होती रहती है,
जिसने ऐसा किया है
क्रूरता से भरी होती है।

ऐसे निष्ठुर, वेवकूफ संतानों की,
नहीं है समाज में कमी,
गाली-गलौज, मार-पीट
माँ-बाप से करते,
होती रहती तना-तनी।

इस बूढ़े माँ-बाप को,
उसकी संतान ने ही पेड़ से बाँधा होगा,
जो समझाएगा उसे,
उल्टे वह बदतमीजी से पेश होगा।

इस तस्वीर को देखकर
बहुत हुई है पीड़ा,
माता शोकाकुल, मर्माहत है,
पिता है बेसहारा।

46. कैसे सज रही है अवध बधाई गाओ रे

नमन अयोध्या धाम अवधपुर, श्री राम के चरणों में,
सज रही धाम का कोना-कोना, श्री राम के स्वागत में।

मन मन्दिर में प्रेम है उमड़ा देख भव्य मन्दिर आलीशान,
राम विराजेंगे अपने घर, हृदय है गदगद सब इंसान।

अवध चहुँ ओर होत है बधाई, सखि सब मंगल गीत सुनाई,
जन-जन के मुख से निकले मोदी सरकार की बड़ाई ।

पाँच शतक से जनता आस लगाए थी बैठी,
वह आज सफल है हुई हिन्दुत्व लहर आई ।

47. ओम शान्ति

ओम शान्ति का अनुगामी बन,
हटा लो मानव मन की भ्रांति,
अंतस्थल में ज्योति जगाकर,
पाओ अतुल शक्ति और शांति ॥

आत्म ब्रह्म है अन्तर काया,
जग स्वरूप दिखती है माया,
भृकुटि मध्य में सदा विराजे,
दृष्टि तू डालो दिखेगी छाया ॥

सदा साथ शिव वरदहस्त रख,
कर प्रशस्त नित जीवन पथ,
ब्रह्म ज्ञान का भान मिलेगा,
अष्ट गुणों से भर ले रथ ॥

षड् विकार आकृष्ट किए है,
बहुरुपिया बन माया जाल,
चोंच डुबाना मत रे भैया,
धुरफन्दी का खेल कमाल ॥

धैर्य, क्षमा, मन को वश में कर,
विटप भाँति नित उपर देख,
जुड़कर अपनी संस्कृति से,

सही गलत की करें परख ॥

वाणी मधुर भाव उज्ज्वल रख,
किसी का न करना अपमान,
आत्मवत् सर्व भूतेषु भव,
कर्मनिष्ठ बन, कर कल्याण ॥

करें विचार ब्रह्मविद्या का-
आत्म ज्ञान, आत्म निर्माण,
आत्मचिंतन और आत्म सुधार से
करें सतत मानव कल्याण ॥

गंगा आस्तिकता प्रतीक बन,
आध्यात्मिकता सरस्वती,
मर्यादित धर्म, बन यमुना,
शांति परम सुख देती ॥

धर्म धारणा कर्मनिष्ठा है
देता विधि-निषेध का ज्ञान
कलिमल अंतरंग दुर्भावन
बहिरं दुष्कर्मों से त्राण ॥

गंगा, यमुना, सरस्वती नित
बहती है इस पावन धाम,
तीनों का हो समावेश जब
बनता मानव पुण्य महान ॥

सँभल जाओ अब भी रे मनुआ,
व्यर्थ गँवाना मत तू टाईम,
रख पावन जीवन सँभाल कर,
करना कभी न कोई क्राईम ॥

परम ब्रह्म से मिला रत्न है,
मानव रूपी यह जीवन,
सदुपयोग तू कर ले भाई,
व्यर्थ न जावे तन-मन-धन ॥

48. मकर संक्रांति

मकर संक्रांति के शुभ अवसर पर,
लोहरी पर्व मनाया जाता
पंजाब क्षेत्र में खासकर
बहुतेरे पतंग उड़ाया जाता।
इस मौके पर उत्तर भारत में
तील, गुड़, खिचड़ी खाने का है विधान,
नर, नारी, बच्चे, सब मिलकर,
सुबह सबेरे करते नदी स्नान।
गंगा, यमुना, नर्मदा तट पर
लोगों की होती बहु भीड़,
आस्था, दान, पुण्य का पर्व यह,
देवस्थल से हम लाते नीर।
लाई, मुरही, तिलकुट खाकर,
बच्चे, जवान सब छत पर जाते,
खुबसूरत परिधान पहनकर,
रंग बिरंगे पतंग उड़ाते।
आज से सूर्य उत्तरायण होता,
धीरे-धीरे ठंडक भागता,
खरमास अब बीत गया
पावन संस्कार अब शुरू हो जाता।
आज के दिन दान पुण्य कर
जीवन धन्य कीजिये,
मौका आगे मिलेगा या नहीं
देर मत कीजिये ।

49. भारत हमको जान से प्यारा

भारत हमको जान से प्यारा
सब देशों से है यह न्यारा,
कण-कण वास करे भगवान
सबके हृदय में प्रभु श्रीराम।

यहाँ की धरती अति पवित्र है,
निर्मल बहती गंगा धार,
विश्व का सबसे बड़ा गणतंत्र यह,
भरा है इसमें सबका प्यार।

संविधान सबका रक्षक है
भेदभाव से है यह दूर,
कर सकता नहीं कोई उपेक्षा
नियम भरे इसमें भरपूर।

भौगोलिक स्थिति भारत की अच्छी
मिट्टी में शक्ति प्रचुर,
मौसम रंग बिरंगे इसकी
रजनीगंधा की सुगंध भरपूर।

भारत की विशाल शक्ति है-
यहाँ के किसान, विज्ञान और जवान;
है पहचान जगत में इनकी

ऋषि मुनियों की हम संतान।
हर क्षेत्र में हमने बना है डाला,
अपनी अनोखी पहचान,
विश्व पटल पर भारत छाया
स्थापित किया है कीर्तिमान।

50. राम सिया संग उत्सव मनायेंगे

राम सिया संग लखन भी आएँगे,
अवधपुरी सब यूँ उत्सव मनाएँगे,
निहार रहे थे यह दिन कब आएगा
दर्शन करेंगे इनका अभिभूत हो जाएँगे।

षड्यंत्रकारी ने नजरबंद किया था इनको,
ऐसा सोचना इनकी भूल थी भयंकर,
सारे जंजीरों को, तोड़ डाले राम प्रभु,
अखंड अनादि हैं, अनंत हैं हमारे प्रभु।

जन्म सफल करें हम, निज आंखों से निहार के,
हम हैं पुण्य धाम मिथिला के सुन्दर वासी,
राम का ससुराल यहाँ, माँ जानकी का मायके।

जाएँगे सपरिवार हम, अयोध्या पवित्र नगरी,
न्योता हम आने को देंगे,
भाइयों समेत सीता संग
जल्दी जनकपुरी।

अवधपुरी संग मिथिलापुरी में मिलकर जश्न मनाएँगे।
राम का कीर्तन भजन,
सबको सुनाएँगे।

51. अलख आजादी की

26 जनवरी 1950 को भारत गणतंत्र घोषित हुआ,
उक्त तिथि को हरेक वर्ष
गणतंत्र दिवस मनाता आया।
हर्षोल्लास का है यह पर्व
भारतीय झूम उठते,
राष्ट्र प्रेम सबके अंदर से
अलख आजादी के दर्शाते।

तिरंगा झंडा फहराते हम मिलकर, राष्ट्र गान भी गाते
है शान,पहचान हमारी, गौरव गाथा इसकी सुनाते।

जन प्रतिनिधि के माध्यम से
जनता, शासन यहाँ चलाते,
हर पाँच साल पर चुनाव के द्वारा,
गण का चयन हैं करते।

संविधान इसका रक्षक है
इसके विपरीत न चलना है
सभी सम्प्रदाय के लोगों को
मिल जुलकर यहाँ रहना है।

हर मजहबी स्वतंत्र यहाँ है
अपने धर्म के पालन हेतु,
कोई किसी का विरोध करे ना,
अधिकार मिला है रक्षा हेतु।

पूरे विश्व में भारत का सबसे
बड़ा यहाँ का संविधान,
जड़े हैं इसकी बहुत ही गहरी,
समस्या का करती समाधान।

विश्व का सबसे बड़ा गणतंत्र भारत,
संविधान सर्वोपरि है
सब इसकी हैं इज्जत करते
इससे कोई न बाहर है।

भारत विकास करता प्रतिक्षण,
हम विकसित राष्ट्र की श्रेणी में,
भारत सरकार है संकल्पित
इसे विश्व गुरु बनाने में।

आग्रह हम सबसे हैं करते
अपनाएँ राम चरित्र जीवन
इसमें ही कल्याण निहित है
पुलकित हो यह जीवन पुण्य।

52. कलम की कमाल

यह कलम बहुत कमाल की होती,
जिसने ली इसका सहारा, तकदीर चमक जाती।

हमारे जीवन का आधार किताब, कॉपी और कलम रही,
पढ लिखकर शिक्षक की प्रतिष्ठा मिली,
परिवार का भरणपोषण होता रहा,
इसी के बल जीवन खुशी पूर्वक बढता गया।

कलम हृदय के भाव को उड़ेलती है,
दो दिलों को परखकर अच्छे से जोड़ती है,
इसमें भरपूर शक्ति भरी होती है,
समयानुसार यह हर तरह का रस उगलती है।

कलम में सरस्वती बसती है
हमारी उपर की जेब में यह
बहुत शोभा देती है।

53. मेरे दिल के दर्पण में तेरी तस्वीर है

तुम सुलगती आग थी तब
मैं था सूखा खर पतवार,
मन ही मन मैं बना लिया था
सुखदायक होगी तू मेरा यार।

ढूँढ रहा तब से मैं तुमको,
पर तुम भटक गयी निज पथ
मन में अभी तक चलता है
तुमको घर लाऊँ, बैठाकर रथ।

बहुत देर अब हो चुकी है
पार करो, खींची जो लकीर
छिपी हो मेरे दिल के दर्पण में,
तेरी ही केवल तस्वीर।

याद करो तुम उस पल को
जब नयन कटाक्ष चलायी थी,
पीन पयोधर हिला हिलाकर
दिल में आग लगा दी थी।

करतब जो की थी तूने,
याद करो वे सारी बातें,

छिपकर हम दोनों मिलते थे
कट जाती थी कुछ पल रातें।

मैं हूँ अपनी जगह वहीं पर,
आओ जल्द बाधा को चीर,
अपनी नयन से देख तू लेना,
मेरे दिल के दर्पण में
केवल तेरी ही तस्वीर।

54. मस्त मिजाज साली जी

बुला रही ठंडक में साली
समझ नहीं है आता,
घर से बाहर कैसे निकलूँ
शीतलहर है चलता।

मेरा आना महँगा पड़ेगा
समझ लीजिए आप,
आना ही यदि मुझे पड़ा तो
बिगड़ जाएगी बात।

ऐ जीजा जी जल्दी आइये
गरमा गरम खिलाऊँगी,
अदरख वाली चाय पिलाकर
मस्त मिजाज बना दूँगी ।

निश्चित रूप से हर उपाय कर,
ठंडक से बचाऊँगी।
यह अवसर यदि गँवा दिए
तो पुनः कभी न बुलाऊँगी।

लेट आप मत कर, जल्दी आ जा,
बाद में फिर पछताना मत,
आज शाम तक की है प्रतीक्षा,

मौका मिले न आगे अब।
चार दिनों की छुट्टी मुझको
इत्मिनान से रखूँगी,
काजू, किसमिस, खजूर खिलाकर,
रंगीन दुनिया घुमाऊँगी।

पॉकेट टाइट तू करके आना
नहीं होवे यहाँ खाली,
सारा काम निबट जाएगा
खुश होगी तब तेरी साली।

किसी तरह का कोई बहाना
नहीं मैं सुनने को तैयार,
बाट जोहती अन्य सहेली
अबकी बेरा कर दो पार।

55. राधा संग चितचोर

पकड़ रही चितचोर को राधा
छोड़ रही नहीं हाथ,
आज तुझे न जाने दूंगी
चलो प्रियतम मेरे साथ।

इतने दिन कहाँ थे छिप गये
ढूँढ रही थी तुमको,
मन मेरा बेचैन था हरदम
बंशी ध्वनि सुनने को।

वर्षों से तुम चकमा देकर
इधर-उधर भटका करते,
चुरा लिया है मेरे मन को
तेरा वियोग, थे हम सहते।

सुनी है मैंने रमते तुम हो
हरदम अन्य सखी के संग,
भ्रमित तू करते सब सखियों को,
बदल-बदल के अपना रंग।

कृष्ण कहे तू बहियाँ छोड़ो
अन्य सखी को भी बुलाओ,
चलो सभी संग रास रचाते
सबके संग फिर रम जाओ।

56. वो काँच की गुलाबी चूड़ियाँ

न जाने तुम्हारी बाहें क्यूँ कर रही है अठखेलियाँ।
जब से तूने डाली वो काँच की गुलाबी चूड़ियाँ ।
झनझनाहट चूड़ियों की जब कानों तक आती है,
तुरत हमारी नजरें चौकन्ना हो इधर उधर जाती है ।

मुझे अभी भी याद है, जब षोड़सी थी,
इतरा कर चलती थी,
तुम अपने बदन से मादक सुगंध बिखेरती थी,
तुमसे मिलकर प्रेमातुर मन घंटों तक बातें करता था।

कैसे कटता था समय, बातों में ही बीत जाता था।
उम्र की ढलान पर अब बीते लम्हों की याद आती है।
हम तुम अभी भी हैं,
पर वह ललक नहीं दिखती है।

छोड़ें उन खन खनाहट को, प्रेम सिर्फ बना रहे,
सुमिरन करें हरिनाम का, परोपकार सदा होता रहे।

57. हमारा गाँव गौशनगर

मेरा गाँव बहुत है सुन्दर, बहुसंख्यक हैं सुखी सम्पन्न
वैसा कोई गरीब नहीं है, जिसे न मिलता भर पेट अन्न।

बीच गाँव से सड़क गुजरती, सड़क किनारे सुन्दर बस्ती,
एक बार जब क्रॉस करेंगे, समझ पड़ेगा गाँव की हस्ती।

यहाँ के रहने वाले बहु जन, दिखते हैं किसान मजदूर,
अथक परिश्रम दिन भर करते, हैं प्रसन्न दिखते भरपूर।

पढ़े लिखे नवयुवक यहाँ के, पकड़ लिए वे दूर शहर,
अच्छी खासी नौकरी करते, गाँवों से रखते हैं पकड़।

श्रमजीवी बुद्धिजीवी के बीच, पूर्व से रह आई दूरी,
है समाज में व्याप्त अभी भी, घट रही है यह मजबूरी।

जिनके पास लक्ष्मी सरस्वती, मिले उसे हर जगह सम्मान,
जाति आधारित भेद भाव से, वंचित रहते कुछ जनमान।

गाँव के दक्षिण में शिव मंदिर, होती पूजा- पाठ यहाँ,
हनुमत दरबार उत्तर पूरब में, सुबह-शाम आरती वहाँ।

देवालय से सबकी श्रद्धा, पूरे जनमन में दिखती,
समय निकाल दर्शन करने, माता बहनें जाती रहती।

गाँव में अब हर तरह की सुविधा, सर्वसुलभ हो जाती
स्टेशनरी, किराना भी अब, आसानी से मिल जाती।

छोटी-बड़ी मेडिकल सुविधा, गाँव में हो जाती सुलभ,
चार पाँच क्वैक हैं यहाँ, एम०बी०बी०एस० भी उपलब्ध।

झोला छाप पशु चिकित्सक, करते पशु इलाज नजर आते ।
एक दो मंच चौपाल यहाँ का, मुफ्त में सर्टिफिकेट हैं देते ।

गाँव अजब, अनूठा, हमारा, पंडित, पुरोहित की ना कमी
मजदूरों की बस्ती में, होती रहती है तना तनी।

चिकनी चुपड़ी मीठी गालियाँ, यदा -कदा कानों तक आए
मुश्किल है इससे बच पाना, दिखता नहीं है कोई उपाय।

अपनी जाति का मैं हूँ अकेला, शिक्षित रहा सदा परिवार ।
सबसे मिलना- जुलना होता, सब करते इज्जत सत्कार।

सुंदर गाँव 'गौशनगर' है, सबकी अपनी हस्ती है,
सब अपने ही दिखते मुझको, यही तो मेरी मस्ती है।

58. कयामत

पाप-पुण्य इस धरा पर,
सब दिन से होता आया,

पुण्य का पलड़ा जब तक भारी,
कोई सितम नहीं टिक पाया।

जिसने चाँद की चाँदनी
हम तक पहुँचाया है,

मोती सा चमकता झील देकर,
सबके मन को बहलाया है।

हमारा धर्म है कि जबतक हम हैं,
आदि शक्ति की तारीफ करते रहें,

अल्लाह ना करे कि हमें
कयामत के दिन देखने को मिले।

59. तमस

मानव हृदय तमस भरा, ज्ञान का भरो प्रकाश,
अंधकार मिट जाए तुरत, भ्रम का होवे नाश।

भ्रम का जब अन्त हो, धरा गगन दिखे एक,
बहुरंगी यह जगत दिखे, हम सब फूल अनेक।

फूलों में खुशबू भरी, फैले हैं चहुँ ओर,
सृष्टि की है यह शोभा, इसका ओर ना छोर।

जगत बहुत विशाल है, सबके रूप अनेक,
पर सब घट के अंदर, छिपा परमात्मा एक।

स्वाँस की डोरी वे थामे, अपने वश नहीं बात,
उनकी ही कृपा से, कटती है दिन रात।

60. शिव चर्चा

जो
शिव
शंकर
भोले दानी
की पूजा पाठ
अर्चना करते,
वे प्रसन्न रहते।

वे
होते
कृपालु
आशुतोष
त्रिशूल धारी
गले सर्पधारी
जगत त्रिपुरारी।

तू
नित्य
उनको
बेलपत्र
जल, पुष्प, ले
मंदिर जाकर
श्रद्धापूर्वक डालो।

वे
हम
सबको
सम दृष्टि
देख रहे हैं,
अपना आशीष
सदा देते रहे हैं।

61. जयपुर यात्रा

होटल चायवाला
येवले परिवार नाम प्रसिद्ध
पिलाया चाय।

अद्‌भुत स्वाद
एक कप किया मस्त
ताजगी लायी।

निकला घूमने
पहले पहुँचा आमेर राजा
मानसिंह किला।

चाकचौबन्द सुरक्षा
व्यवस्था उस समय रही
विशाल घेराबन्दी।

अब राजमहल
परिसर, महल, छिन्न भिन्न
दिखाई पड़ा।

कैसा रहा
होगा रुतबा राजपूत घराना
सोचता रहा।

मन थका,
गाड़ी पर बैठ गया
आया जलमहल।

वहाँ राजस्थानी
ड्रेस पहन फोटो बनवाया
पति-पत्नी ।

पत्नी पुत्री
मिल तब किया खरीददारी
देर हुई।

अपराह्न म्यूजियम
हमलोग टहले और पुनः
चाय पीये।

इसके बाद
बिड़ला मंदिर आकर किया
पवित्र दर्शन।

लक्ष्मी नारायण
मूर्ति बहुत भव्य लगी
आशीर्वाद लिया।

बगल कुछ
दूर चलकर, गणेश पूजन
पूरा किया।

सत्रहवीं शताब्दी
जयपुर शहर पिंक सिटी
बनाया गया।

कमोबेश गुलाबी
रंग मकान अभी तक
दिखाई पड़ा।

रात दस
बजे डीनर उपरांत येवले
चाय लिया।

होटल आकर
ग्यारह बजे रात बिस्तर
पकड़ लिया।

62. गाँधी चर्चा

सत्य अहिंसा, प्रेम पुजारी,
आह्वान किया, भारत नर नारी।
जगा दिया भारत वासी को,
अंग्रेजों पर हो गये भारी।

साल्ट टैक्स भारी पड़ता था,
लोग चुका नहीं पाते थे,
बहुत तरह की अन्य पाबंदियाँ,
भारत पर वे लगाते थे।

अंग्रेजों का जुर्म भयंकर,
भारत वासी तंग में आकर।
गाँधी के नेतृत्व में चलकर,
नेताओं को साथ में लेकर।

हमने दांडी मार्च चलाया,
साल्ट टैक्स बंद करवाया।
असहयोग आन्दोलन के बल,
अंग्रेजों को दूर भगाया।

देख फौलादी, भारत वासी,
अंग्रेजों की टूटी हिम्मत,
भाग पड़ा भारत को छोड़कर,
बंद किया अपनी वह हुकूमत।

अब आजाद देश है भारत,
तिरंगा झंडा करता स्वागत,
शासन अपना, खुद हैं शासक,
गाँधी राज लाना है भारत।।

63. शहीदों को श्रद्धांजलि

14 फरवरी 2019 को श्रीनगर के पुलवामा में,
हुआ था सैनिकों पर हमला,

सीआरपीएफ के चालीस जवान,
जान गँवायें इस हमला।

विस्फोट से उड़ा दिए गए,
थे क्रूर आतंकी जैश ए मुहम्मद

बदला लिया हमारे सैनिक
पार किया था शरहद।

बीत गया है पाँच वर्ष आज
नमन है उन वीर शहीदों की

श्रद्धांजलि अर्पित करता हूँ
उनके पावन चरणों में।

हैं प्रणम्य उनकी ललनाएँ
करूँ मैं उनको भी प्रणाम,

दारुण दुख सहकर भी आज,
धर्म निभाती भारत के नाम।

64. सड़क बेचारी

सड़क बेचारी निसहाय बन
प्रतिपल रोती रहती है,
कोई नहीं सुधि लेने वाला
अपने भाग्य को कोसती है।

थूक, खखार, पोंटा फेंकने से,
भले लोग भी नहीं चूकते,
रसिक मिजाजी पान पीक से,
मुझे रक्त मय हैं कर देते।

कस्बे से जब कहीं गुजरती
क्या बतलाऊँ अपनी हाल,
बच्चे, बूढ़े, नवजवान और
महिलाएँ भी ना करती ख्याल।

ऐ मित्रों, भाई, बहना,
थोड़ा भी संकोच करो,
शौच विसर्जन की यह आदत,
अब भी तू इसको छोड़ो।

सँभल जाओ, अब भी है मौका,
लाज की सीमा मत कर पार,
नहीं तो फैलेगी बीमारी,

मत कर ऐसा अत्याचार।
पुरखों ने भी मुझे छला है
कर ऐसा घटिया व्यवहार,
तजो घसी पिटी ये आदत,
अब तो हो जाओ होशियार।

सरकारी स्कीम से सुविधा लेकर,
शौचालय बनवाओ,
आदत डालो उसमें जाना,
गंदगी से सड़क बचाओ।

सुशिक्षा और स्वास्थ्य का
करती ख्याल सतत सरकार,
बाज आओ हरकत करने से
मत बन अब तू लाचार।

चलो उठो प्रारंभ करें अब
सड़क स्वच्छता का अभियान,
जनहित छिपा हुआ है इसमें
इससे होगा जन कल्याण।

65. संत कवि रविदास

मध्य काल में जन्म हुआ
संत शिरोमणि रविदास।
सिर गोबर्धन काशी था,
उनका निज आवास।

सतगुरु उपाधि से विभूषित,
रै दास उनका उपनाम।
जाति पाति का घोर विरोधी,
उच्च जाति में थे बदनाम।

वेदों का विरोध किये वे,
विधि-विधान का किया निषेध।
आडम्बर से दूर रहकर,
आम जन को किया सचेत।

गंगा स्नान करने से मात्र,
कोई शुद्ध नहीं हो सकता।
मन ईर्ष्या, द्वेष, जलन रखकर,
पवित्र नहीं हो पाता।

भेदभाव से दूर रहकर जो,
उदारता बरत, परोपकार करते हैं,
वाणी में मिठास रख, प्रेम भाव भरते हैं,

पवित्र मन से कार्य करने पर ही,
धर्म फलित होते हैं।

उनके बहुत दोहे को,
गुरु ग्रंथ साहिब
अपने में शामिल कर लिया,
संत शिरोमणि की उपाधि से
उन्हें विभूषित कर दिया।

रै दास उपदेश देकर,
भक्ति करते रहे शतनाम ।
समाज में जागृति आई तब,
करता हूँ, शत-शत प्रणाम ।

66. धड़कन

पहली बार सांस्कृतिक कार्यक्रम में,
किसी विषय पर बोलने का मौका मिला,

मंच पर पहुँचते ही, दिल का "धड़कन" तेज हो गया;
जाँघ थरथराने लगा और भीतर से घबड़ा गया।

उम्र कम थी, भीड़ थी बड़ी, इन्सट्रक्टर साहब बैठे थे,
पीछे प्रिंसिपल साहिबा देख रही थीं होकर खड़ी।

मैं अपना वक्तव्य पूरा किया,
पुनः अपनी सीट पर आ गया,
कुछ देर बाद प्राचार्या खुद मंच पर आयी,
इत्मिनान से समझाने लगी ।

कहने लगी-आपलोगों का कार्यक्रम अच्छा लगा,
पहला मौका था आपलोगों का,
आपकी असहजता भी, स्वाभाविक लगा।

यह प्रशिक्षण की अवधि है,
मन लगाकर हर में भाग लीजिए,
आप राष्ट्र निर्माता बनने जा रहे हैं,
नियमित मिहनत कीजिये।

67. भोले बाबा

शिव शंकर भोले भंडारी
ओढर दानी, हैं त्रिपुरारी,
सदा अकाम, रहे वे अभोगी,
जग जानता उन्हें, हैं योगी।

अनंत, अखंड, अमर, अविनाशी,
कष्टहरण हैं शंभु कैलाशी,
समाजवाद के नायक दिखते
सब जन के हैं वे समदर्शी।

सिर पर मुकुट जटा अति शोभित,
गले सर्प, अंग भस्म विभूषित,
भूत, प्रेत, पिशाच इनके गण,
नर-नारी इस रूप से मोहित।

ललनाएँ, माताएँ, बहनें,
बहुत भाव रख भजती है,
अर्क, अक्षत, बेलपत्र, चढाकर,
उनसे मिन्नत करती हैं।

भोले बाबा बहुत निराले, शीघ्र प्रसन्न हो जाते हैं,
नीलकंठ, जटाधारी वे,आशुतोष कहलाते हैं।
महिमा इनकी है जगजाहिर, कृपा सदा बरसाते हैं।

68. इरादा
(विधा-- हाइकु)

इरादा पक्का
आगे बढते रहो
सपूत सच्चा।

लक्ष्य निश्चित
कठिनाई जो दिखे
दूर हो जाती।

युवा युवती
उत्साही भरपूर
मस्ती प्रचुर।

पिछली बातें
भूलने में भलाई
रहें प्रसन्न।

माता- पिता की
यादें, भुलाई नहीं
जा सकती है।

69. सच्चा धरती पुत्र

मंजिल जब सामने होती है,
भीतर की उम्मीदें जग जाती,
तब बढने का हौसला बुलंद होता,
मिहनत तो करनी ही पड़ती ।

लक्ष्य पानें तक डटे रहना, हर मानव का धर्म है,
गौर करने पर मालूम होता, यही जीवन का सच्चा कर्म है।

विघ्न बाधाएं आती रहती है
ये चीजें सबके साथ होती है
बुजदिल पथच्युत हो जाता,
वहीं कर्मठ आगे बढ़ जाता।

जो आगे बढता जाता है, उसे देर-
सबेर सफलता मिल जाती,
जो पीछे मुँह मोड़ लिया,
वह अपने भाग्य पर रोता/रोती है।

हमें हर पल जिंदादिल रहने की जरूरत है,
जिंदगी अपने आप में मुसीबत है,
मुसीबतों से आज तक कोई नहीं बचा है,
हर घड़ी जो लक्ष्य साधे बढता रहा,
वास्तव में वही धरती पुत्र सच्चा है।

70. महिला
(विधा-- हाइकु)

महिला शुरू
से हो आयी सशक्त
पुरुष पीछे। (1)

विद्या की देवी
सरस्वती माता है
सब साधक। (2)

धन की देवी
लक्ष्मी महारानी जी
भरे भंडार। (3)

शक्ति का श्रोत
भगवती माँ देवी
जग प्रसिद्ध।(4)

नारी सबला
अबला मत कहो
इज्जत करो। (5)

महिला सभी
रूप में मर्यादित
होनी चाहिए। (6)

71. नारी

नारी घर की इज्जत है,
श्रृष्टि की है यह शान,
सब दीजिये सम्मान इन्हें,
सबका करती कल्याण।

नारी बिना परिवार अधूरा,
घर का काम न ससरे,
शिक्षित महिला जिस घर में,
उत्थान की राह है पकड़े।

कल है महिला दिवस विशेष
लें सब जन संकल्प,
बेटी स्वस्थ, शिक्षित करें
मत ढूँढो कोई विकल्प।

इनके साथ ना भेद करें
सदा रही यह सबला,
मत गलतफहमी में रह,
वह होती है अबला।

सारी शक्ति समाहित उसमें,
पुरुष रहा है पीछे,
ईर्ष्या, बदसलूकी मत कर,
कभी न होंगी नीचे।

कदम से कदम मिलाकर बढना,
सदा रहेंगी साथ,
जो ऐसा प्रश्रय देते उन्हें,
कभी न झुकता उनका माथ।

लक्ष्मी, दुर्गा, सरस्वती, गौरी,
नारी के हैं विभिन्न रूप,
जनक नन्दनी माता सीता,
शक्ति के सभी हैं स्वरूप।

सभी बेटियों से एक निवेदन,
शील, स्वभाव, पवित्र तू रखना,
दुराचार पर जब कोई उतरे
डटकर उसका सामना करना।

72. नर में नारायण

पृथ्वी के हर कण में स्थित,
अलौकिक क्षमता विलक्षण,
धरा धाम की पुण्य तेज से,
नर बनता नारायण।

नारायण हर जगह घूमते,
रहते प्रेमी भक्त के मन,
मन का दीप जलाकर देखो,
हरदम रहते वे प्रसन्न।

ज्ञान दीप जलाकर देखो,
करो आत्म मनन चिन्तन,
भृकुटि मध्य में हैं विराजते,
जीवन चमके यथा गगन।

मंदिर, मस्जिद, गुरुद्वारा जाते,
ढूँढ रहे प्रभु के होते,
नर में जो नारायण बसते,
नाता उनसे जोड़ न पाते।

प्रेम से नाता हर नर जोड़ो,
होंगे नारायण दर्शन,
करो कृतार्थ इस जीवन को
बेरा पार होगा तत्क्षण।

73. व्यस्तता

मुहल्ले के कुछ लोग
मेरे बारे में कहा करते हैं,
आजकल कभी जमीन पर
मेरे पाँव नहीं पड़ते हैं।

मैं पूछता उन लोगों से,
तुमने मुझे उड़ते हुए कभी देखा है?

समझ से उनकी बाहर
है हमारी दिनचर्या,
दिन रात लगाता हूँ साहित्य
श्रृजन में अपनी उर्जा।

खाली नहीं रहता अपने कार्यों से,
सुबह शाम टहलता हूँ नियमित,
शक्ति श्रोत है जगत जननी माँ दुर्गा
रहता हरदम मैं प्रसन्नचित्त।

74. विचार विथिका

मानव और वनस्पति जगत,
दोनों में है समता,

रूप रंग हैं अलग-अलग,
सबकी अपनी क्षमता।

अपनी-अपनी जगह पर,
सबका अति महत्व,

कुछ भी नहीं बेकार जगत में,
यह रहस्य है सत्य।

कुछ लेकर, तो कुछ देकर जिंदगी ने
मुझे जीना सिखाया है,

सब तेरा नहीं है, और सब तेरे लिए नहीं है,
ये सबक सिखाया है।

75. फागुन

फाल्गुन मास दिखे मधुमास
सुनहली धूप, बहे मन्द बसात
आम्र मंजरी आच्छादित वृक्ष
करे उपस्थित अनुपम दृश्य।

सुन्दर महक सुवासित करे,
भ्रमर रसपान हेतु दौड़ रहे।
पति जिनके परदेश में रहते
मिलन हेतु सखि तरस रहे।

सोच रहे वे पक्षी होती
दे उड़ान पिया पास पहुँचती
हास परिहास संग तन सजती,
पूरी होती मन की आस ।
बुझाती पिया मिलन की प्यास।

चिरयी चुनमुन तान बिखेरे
कानों से जब टकराती,
मदन बेदना तन मन होती
रात की नींद उचट जाती।

फागुन मधुमास बड़ा मतवाला,
रंग, गुलाल उड़ेलन वाला,
दीवानगी चहुँ ओर है दिखती,
मस्ती रंग झुमाने वाला।

अरहर फूल बने मतवाले
हवा संग वे झूम रहे,
नीली तीसी फूल निराली
अरहर लपक वहाँ पहुंचे।

अद्‌भुत छटा प्रकृति में छायी,
मन में उमंग है बरसायी,
आँगन भी शोभायमान है
दुल्हन सज धज कर आयी।

76. सदा इंसानियत जिंदा रखना

मुहब्बत करना गुनाह नहीं
पर "सदा इंसानियत बचाकर रखना" ।
मर्यादा बनी रहे हरदम,
इसे हर कोई निभाना।

जिंदगी बड़ी विचित्र है,
एक से एक घटना होती रहती,
मानवता को ताख पर रख,
अमर्यादित बातें सुनने को मिलती।

बहुत कष्ट होता देख सुनकर
आँसू निकल पड़ते,
करबद्ध निवेदन सबसे,
ऐसी हरकत कभी नहीं करते ।

तो आइए हम संकल्प लें,
मर्यादा अक्षुण्ण रखें,
अपराध से दूर रहें,
हैवानियत को हावी न होने दें।

इन्सानियत बची रहेगी,
सामाजिक ताना बाना नहीं बिगड़ेगा,
तब सबों को शकुन मिलेगा,
जीवन आनन्दमय हो जाएगा।

77. अब के बरस होली में

अब के बरस होली में,
उम्मीद है कोलकाता जाऊँ,
वहीं पूरे परिवार के साथ
इस बार होली मनाऊँ।

पाँच दशक पूर्व होली का
उमंग, उत्साह आज नहीं दिखता,
रंग, गुलाल अशुद्ध रहने से
लोग बचना चाहता।

बच्चे, बच्चियाँ, युवक, युवतियाँ,
आज भी छककर आनन्द लेते,
रंग अबीर के साथ
कीचड़ भी उछाले जाते।

प्रौढ एवं बुजुर्ग वर्ग बाहर
सोच समझकर निकलते,
वे बदमाश जमातों से बचकर,
दूर से ही आनन्द लेते।

गाँवों में फाल्गुन आते ही
ढोल, मृदंग, डंफ की धुन पर
होली के गीत जोर-जोर से

गाए जाते हैं।
मिल जुलकर सब इसका
मधुर आनन्द लेते हैं।

मालपुआ, खीर, दही वड़ा,
हर घर बनता है,
युवाओं का ग्रुप पड़ोस के घर जा-जा कर,
इस सबका आनन्द लेता है।

होली में मीट का प्रचलन बढ गया है,
अनगिनत छागर, मुर्गा, मुर्गी का
खुलेआम कत्ल हो रहा है,
जीवों की हत्या शोभा नहीं देती मुझे,
लेकिन इन बातों को कोई नहीं समझे।

78. शिक्षा

शिक्षा हमारे व्यक्तित्व को सँवारता है,
यह बुद्धि विकसित कर
ज्ञान को बढाता है।

दुनिया के किसी कोने में चले जाएँ,
सम्मान हर जगह होता है।

इसका ध्येय है अज्ञानता को मन से दूर करना,
तथा व्यक्ति के आदर्श चरित्र का निर्माण करना।

ब्रह्माण्ड का सारा रहस्य इसमें भरा पड़ा है,
जो इंसान इससे वंचित रहा,
उसका जीवन अधूरा है।

79. झोली ले चला फकीर सबकी माँगे खैर

झोली ले चला फकीर, सबकी माँगे खैर।
चादर फैलाए घूम रहा, नहीं किसी से बैर।

फर्क नहीं उसकी नजर, मजहब चाहे जो हो,
अल्लाह से वह दुआ माँगता, रकम उसे कुछ दे दो।

संत, साधु, सन्यासी, फकीर, किसी के द्वार पहुँच जाते,
ऋषि, मुनि, योगी को सभी, खाली हाथ नहीं लौटाते।

ठग बुद्धि भी इसमें चली है, मानव धोखा खाते,
रहें सतर्क ऐसे लोगों से, सोच समझ भीक्षा देते।

80. खुद में देखो

नकली हँसी दिखाते बाहर
भीतर मन में दाग है,

साबुन सब घिस चुका है पहले,
बाहर केवल झाग है।

देते सब उपदेश जगत को
रहना खुश सब भाई,

वाणी में कटुता दिखती है,
घर में होती लड़ाई।

मन में प्रेम आए बिना, कलह समाप्त न हो
कर चित्त शांत, स्वयं में झाँको, खुद ही बुरे तो हो।

औरों की आलोचना बंद करें हमलोग
जगत प्रेम में डूबा, चाह रहे सब लोग ।

मेल-मिलाप का जीवन इसमें है आनंद
खुशमय जीवन में दिखे हरदम परमानन्द।

81. क्या हार में, क्या जीत में किंचित नहीं भयभीत में

हार से मन विचलित हो जाता,
करता यह उदास,
मन में शोक समा जाता है,
डिग जाता विश्वास।

पर, रख धैर्य बढ़ा जो पथ पर,
सफल हुआ जीवन में,
जीने का यह मूल मंत्र है,
साध लें हम तन-मन में।

हार से मत निराश कर स्वयं को,
जीत से ना मतवाला,
डटे रहें कर्त्तव्य पथिक बन,
जीवन का खेल निराला।

परिस्थिति बदलती रहती,
हार-जीत होती रहती,
हार प्रथम सोपान सफलता,
पुरुषार्थ सदा साथ देती।

82. जागरूक

नकाब दर नकाब से
ढके हैं चेहरे,

भीतर काले धब्बे हैं
बाहर दिखे सुनहरे।

वाणी, विचार, व्यवहार से
भेद खुलता नकाब,

नकली को असली मान जब धोखा खाते,
तो हो जाते बर्बाद।

रहें सचेष्ट एवं जागरूक नकाबपोशों से,
धुरफन्दी में वे माहिर होते,

भोलेभाले इसमें जब फंसते,
बहुत नुकसान उठाने पड़ते।

83. मेरे हिस्से में माँ आई

माँ की ताकत कौन बखाने
सबने इसको जाना है,
अगनित दुःख वह स्वयं झेलकर,
संतान को उसने पाला है।

याद करें सब बचपन के दिन
जब माँ की गोद में जाते थे,
भूख, प्यास, थकान आदि का,
सारा मर्ज हम पाते थे।

माँ अपनी आँचल से ढककर,
स्तनपान कराती थी,
मधुर मधुर लोड़ियाँ सुनाकर
चैन की नींद सुलाती थी।

जैसे-जैसे बड़े हुए हम,
भुला गए उन बातों को,
मत अनजान बनो रे भाई,
रखना याद इन तथ्यों को।

भाई भाई जब भिन्न है होता,
बाँट दिए जाते माँ बाप।
माँ की ममता प्यार पिता का

अतुलनीय है अपने आप।
भाई-भाई में बँटवारा से,
मेरे हिस्से में माँ आई।
मैं हूँ बड़ नसीब रे भाई,
यह है पुण्य कर्म की कमाई।

84. शहीद भगत सिंह, सुखदेव, राजगुरु

राष्ट्रधर्म है सबसे बढकर,
मानव धर्म समाहित इसमें,
वीर पुरुष ही समझ है पाता
निभाता इसे पूरे जीवन में।

अंग्रेजों की क्रूर हुकूमत,
भगत सिंह को फँसा दिया।
सुखदेव हरदम साथ निभाया,
राजगुरु को भी न छोड़ा।

एक साथ तीनों को मिलकर
फाँसी फन्दे पर चढा दिया,
देश की रक्षा खातिर इनने
सिर अपना झुकने न दिया।

वीर गति को प्राप्त हुए वे
अमरत्व का देता ज्ञान।
अमर शहीद हुए तीनों ये
नत मस्तक हम इनके सम्मान।

85. जिंदगी बदलने के लिए लड़ना पड़ता है

जीवन मिला है
जीना पड़ता है,
जिंदगी बदलने के लिए
लड़ना पड़ता है।

अच्छा करने केलिए
मेहनत करनी पड़ती,
बिना परिश्रम किए
कुछ भी नहीं मिलती ।

चाहे आप बड़े घर के हों
या छोटे घर के,
बिना पुरुषार्थ किए
कुछ भी हासिल नहीं होती।

बचपन में ही अच्छे माँ-बाप
संतानों को प्रेरित करते हैं,
आगे चलकर अवसर पाकर
वे बच्चे अच्छा करते हैं ।

ऐसा जहाँ नहीं होता
बच्चा भटक जाता वहाँ

गुंडागर्दी करता फिरता
दर दर ठोकरें खाता रहता |

जिंदगी बदलनी है तो
मुसीबतों से लड़ना सीखो,
महापुरुषों की जीवनी से
पुरुषार्थ करना सीखो।

एक दिन में ही सफलता
नहीं हासिल होती,
सूझ-बूझ से सजग हो,
जिंदगी गुजारनी पड़ती।

86. गौतम बुद्ध

शाक्य वंश के राजमहल में
जन्म हुआ था राजकुमार,
बचपन में सिद्धार्थ नाम था
आगे कहलाए गौतम बुद्ध।

सुख भोगों से मन विरक्त था,
पर दुःख देख होते थे द्रवित
ध्यान किए लम्बे अरसे तक
ज्ञान से हुआ शांत मन चित्त।

किए कटाक्ष कूरीति प्रथा का,
छुआछूत है दुर्व्यवहार,
भेदभाव करना है असंगत,
छोड़ो पाखंड, निर्मल करो विचार।

जीव बलि का प्रबल विरोधी
बन्द करे जन अत्याचार,
मोक्ष मिले न वैसे मानव,
दंड मिले यमराज के द्वार।

गौतम बुद्ध करुणा के सागर
कर प्रचार दिए संदेश,
करें सत्य अहिंसा पथ गमन

जीवन भर दिए उपदेश।
ऐसा नहीं जो करता मानव
जीवन भर भटकता फिरता,
आना-जाना लगा है रहता,
अन्त में रोता फिर पछताता।

87. कंचन काया तो मिट जाए

कंचन काया तो मिट जाए
सब कोई इसे समझते,
बेईमानी शैतानी का फिर,
काहे राह पकड़ते।

अज्ञानी मन खेल है करता,
चिन्तन, मनन से दूर भागता,
गलत सही में भेद ना करता,
जीवन भर भटकता रहता।

ऐ मानव तू बनो विवेकी,
दिल से दिल का नाता जोड़ो।
कर्त्तव्य पथ से न हो विचलित
परोपकार से मुख मत मोड़ो।

निष्ठा से कर्त्तव्य वहन कर,
जो नर जीवन बढता जाता,
भारत माता वैसे लालों का,
हर दिन उसे पुरस्कृत करता ।

मानव जीवन फिर मिलेगा
यह है अभी अनिश्चित,
धर्म कर्म आचरण पूत रख,
शान्ति, खुशी मिले निश्चित।

88. वेलेंटाइन दिवस

वसुंधरा अब खिल उठी,
बह रही मन्द बयार ।

मादक मदन मन छा गया,
चलो मिलें परिवार।

है वसंत का मौसम अब,
ढूंढ रहा मन प्रेम ।

वेलेंटाइन दिवस के मौका
पर, छाप छोड़ निज नेम।

हम विदेशियों की
नकल करने में डूबे हैं।

भारत में इसकी नहीं जरुरत
इससे माहौल बिगड़ने लगे हैं।

सनातनी प्रेम जीवन, यह शाश्वत होता
इसमें हमारे पूर्वजों की
मान-मर्यादा रक्षित होता।

89. कोई अफसोस नहीं

जिंदगी मैं जी रहा,
खुशी ही खुशी,
गर जहर भी पीया कभी,
कोई अफसोस नहीं।

एक जुर्म किया जरूर,
गुनाहगारों को टोका नहीं,
अपना रास्ता निकालता गया,
दुःख जो मिला वह भी सही।

मेरे भाग्य में सुख लिखे थे,
दुःख के ही काँटों से,
उसको हम सह लिए,
कोई अफसोस नहीं।

अब सुबह का उजाला भी
धुँधली लगती है,
पर भीतर है खुशी,
जैसा मैंने बीज बोया,
फसल पाया तो सही,
कोई अफसोस नहीं ।

कल नीलकंठ महादेव का
दर्शन करने ऋषिकेश गया
जाते-आते तबियत भी बिगड़ गयी
दर्शन हुआ तो सही
कोई अफसोस नहीं ।

अभी साहित्यिक मंच पर
हरिद्वार उपस्थित हूँ
कविता पाठ कर रहा हूँ
हो गलत या सही
कोई अफसोस नहीं ।

आपलोगों के दर्शन मात्र से
अगाध आनंद मिला है सही
साहित्य समाज का दर्पण होता
दिखाया है आपने सभी ।

मुझे भी साहित्यिक संगम में
डुबकी लगाने का अवसर मिला
कृतज्ञ हूँ सही, जिन्दगी मैं जी रहा
खुशी ही खुशी
कोई अफसोस नहीं।

www.ingramcontent.com/pod-product-compliance
Lightning Source LLC
LaVergne TN
LVHW090934150826
845672LV00006B/1498

* 9 7 9 8 8 9 7 2 4 0 8 5 2 *